DER *Perfekte* SPEKULANT

WIE MAN IM BULLENMARKT SATTE PROFITE ERZIELT UND IM BÄRENMARKT VERLUSTE VERMEIDET

DER
Perfekte
SPEKULANT

WIE MAN IM BULLENMARKT SATTE
PROFITE ERZIELT UND IM BÄRENMARKT
VERLUSTE VERMEIDET

BRAD KOTESHWAR

Der Perfekte Spekulant
Great Expressions Publishing
Scotttsdale, AZ 85262

Für meine Tochter, die mich, wie auch die Märkte, viel gelehrt hat.

Der Spekulant beobachtet, interpretiert und handelt anschließend, basierend auf positiven Wahrscheinlichkeiten, um einen Profit zu erzielen.

Inhalt

Vorwort

Ich war gerade beim Friseur an der Ecke, um mir die Haare schneiden zu lassen. Ich mochte diese altmodischen Friseurläden schon immer. Heutzutage sprießen ja diese durchgestylten Friseursalons wie Pilze aus dem Boden. Mit unaussprechlichen Namen, die immer das Wort „Salon" beinhalten, geben sich diese modernen Friseure, die sich selbst „Hairstylisten" nennen, die Freiheit, das Dreifache dessen zu verlangen, was ein normaler Haarschnitt kosten sollte. Ich schätze, dass mein Friseur, Ed, Ende siebzig war. Während er mir die Haare schnitt, erzählte er von seinen jüngeren Tagen, als er noch einen Friseurladen in der Nähe von Chicago betrieb. Ich fragte ihn: „Und wann sind Sie nach Arizona gezogen?" Er sagte, er sei vor etwa zehn Jahren in den Ruhestand gegangen und nach Arizona gezogen, gleich nachdem er seinen Laden in Chicago verkauft hatte. Dann kam mir eine offensichtliche Frage in den Sinn, die ich ziemlich taktlos aussprach: „Warum arbeiten Sie noch, wenn Sie vor zehn Jahren in Rente gegangen sind?" Er sagte mit einem Anflug von Traurigkeit und etwas Ärger in der Stimme: „Ich hätte eben auf Leute wie Sie hören sollen. Aber ich hatte mein Geld in Investmentfonds angelegt und der Bärenmarkt hat mich ruiniert. Jetzt bin ich in meinen besten Jahren in der schlechtesten finanziellen Verfassung, die ich je hatte."

Als ich nach dem Haarschnitt nach Hause fuhr, machte ich mir eine gedankliche Notiz, dass die Medien nie über die Tausende und Abertausende von Geschichten sprechen, die ähnlich oder noch schlimmer verlaufen als Eds. Der Hype an der Börse dreht sich immer nur um das große Versprechen auf schnellen Reichtum, das die Börse ermöglicht.

Es war ein wunderschöner Frühlingsmorgen im frühen April in Scottsdale und ich sonnte mich in meinen fünfzehn Minuten Ruhm, denn das Time Magazine hatte mich und meine Frau gerade in einer seiner Wirtschaftsspalten erwähnt. Das Time Magazine hatte über den phänomenalen Kursanstieg und den anschließenden Kurssturz der Aktie von Taser International berichtet und in diesem Artikel wurde auch eine Kleinigkeit über mich geschrieben.

Ich hatte 2004 ein Buch mit dem Titel „Die perfekte Aktie" geschrieben, dessen Geschichte auf dem riesigen Kursanstieg von Taser basierte. Mein Telefon klingelte ununterbrochen, denn Familie, Freunde und sogar meine Nachbarn riefen mich an und sagten, ich sei der einzige Mensch, den sie persönlich kennen, der es ins Time Magazine geschafft habe. Ich musste die meisten Leute daran erinnern, dass bereits eine neue Ausgabe von Time in den Regalen stand und das Time-Magazin von letzter Woche bereits Geschichte war. Da das menschliche Gedächtnis kurz ist, war Taser auch schon wieder eine bereits vergessene Anekdote. Es besteht kein Zweifel daran, dass künftige Marktzyklen viele weitere neue Aktien hochspülen werden, die ähnliche Geschichten, wie die von Taser, produzieren.

Unter den vielen Anrufen, die ich erhielt, waren auch einige von den großen New Yorker Buchverlagen. Nachdem mein Name es ins Time Magazine geschafft hatte, hatten sie offenbar auch mein früheres Buch aufgegriffen, das ich im September 2004 als Selbstverleger publiziert hatte. Diese großen Jungs nahmen kein Blatt vor den Mund und kamen direkt auf den Punkt. „Wie viele Exemplare Ihres ersten Buches haben Sie verkauft? Wie hat der Artikel im Time Magazine den Verkauf davon angekurbelt? Haben Sie noch andere Bücher, an denen Sie gerade arbeiten? Wurden Sie schon von einem anderen Verlag angesprochen? Können Sie uns ein Rohmanuskript Ihres zweiten Buches schicken, falls Sie eines in Arbeit haben?" Die Fragen schienen immer die gleichen zu sein.

Ich fragte mich, wie sie herausgefunden hatten, dass ich an meinem zweiten Buch arbeitete, aber ich fühlte mich zweifellos geschmeichelt von all der Aufmerksamkeit, die mir zuteil wurde. Ich war mehr als glücklich, ihnen allen einen Entwurf meines Manuskripts schicken zu können, das ich bis dahinzu Papier gebracht hatte.

Etwa eine Woche später erhielt ich einen Anruf von einem der Verleger. Der Mann war unverblümt und kam direkt zur Sache. Er sagte: „Brad, Ihr Manuskript ist großartig, aber es tut mir leid, dass ich es nicht verlegen kann. Sie behandeln die klassischen Prinzipien in einem sehr einfachen und unterhaltsamen Stil. Ich denke, die Leser werden es genießen und daraus lernen. Allerdings kann ich in Ihrem Buch nichts finden, was leichten Reichtum verspricht, und es gibt auch nichts, was ich als neue Methode, mit der man schnell reich werden kann, verwenden könnte, um einen Marketing-Buzz zu erzeugen. Ich sehe in dem Buch schlicht keinen neuen und einfachen Weg, den Markt zu schlagen."

Ich unterbrach ihn und erwiderte: „David, ich sage es nur ungern, aber es gibt keine schnelle und einfache Methode, um einfach so reich zu werden. Wenn es eine gäbe, wäre sie schon längst erfunden worden. Spekulationen gibt es schon seit Tausenden von Jahren und daran hat sich nichts geändert. Ich habe die Lektionen in einer sehr einfachen und leicht lesbaren Art niedergeschrieben. Ich hätte selbst gerne ein Buch wie dieses gehabt, als ich noch jünger war, denn dann hätte ich teure Fehler vermeiden können, die ich auf meinem Weg begangen habe."

David war jedoch kurz angebunden und meinte: „Ich kann Ihr neues Manuskript nicht bewerben und ich kann es auch nicht verkaufen. Wenn ich ein Buch auf den Markt bringe, geht es in der Regel um einen neuen Weg, um auf dem Markt schnell Geld zu machen. Die Leserschaft ist immer auf der Suche nach schnellen Abkürzungen und zahlt gerne viel Geld für eine ausgefallene neue Methode, um den Markt schlagen zu können. Wenn ich so etwas anpreise und richtig vermarkte, kann ich am ersten Tag Tausende von Exemplaren verkaufen. Kennen Sie Jill Incognito? Wenn sie ein Buch schreibt, egal wie schlecht es auch sein mag, verkauft sie am ersten Tag 20.000 Exemplare davon. Ich kann es bewerben, verkaufen, hypen und vermarkten. Ihre Bücher zeigen immer eine Möglichkeit, schnell reich zu werden, und die Öffentlichkeit reißt ihre Botschaften aus den Regalen ohne mit der Wimper zu zucken."

„Es ist so eine Art Insider-Witz in der Verlagswelt - wir veröffentlichen nur Bücher, die normalerweise gar keine Hilfe beim Vertrieb benötigen. Falls Sie Ihre Meinung ändern und mit einem Buch aufwarten, das einen neuen, bahnbrechenden Weg aufzeigt, um den Markt zu schlagen, lassen Sie es mich wissen und ich werde es pushen, hypen, lobpreisen und zu einem Bestseller machen. Das Publikum ist schon seltsam, denn es zahlt liebend gerne, um irgendein hochtrabendes Versprechen zu lesen, aber es zahlt niemals, um die wahren Lektionen des Marktes zu erlernen."

„Die wahren Lehren des Marktes und dessen Realitäten sind zu schwer umzusetzen, und die Öffentlichkeit jagt eben dem leichten Geld nach. Leichtes Geld gibt es nicht. Das einzige leichte Geld macht man damit, Versprechungen von leichtem Geld zu verkaufen. Fragen Sie einfach Jill. Wissen Sie, von wem ich spreche?" Ich kannte Jill. Sie war ein ausdauernder Bulle und kannte nur zwei Arten von Märkten - einen Bullenmarkt und einen Superbullenmarkt. Sie behauptete stets, Recht zu haben, doch die Öffentlichkeit störte sich nicht daran, dass Jill immer nur im Nachhinein auf ihre Gewinne hinwies. Für die Öffentlichkeit zählte nur, dass Jill eine Optimistin war und dass laut ihr stets ein großer Bullenmarkt direkt vor der Tür stand.

Ich bemerkte, dass diese Jill, von der David da sprach, eine große Sache am laufen hatte. Sie würde in ihrer Publikation alle Aktien veröffentlichen, die in den letzten Monaten Gas gegeben hatten. Darauf folgte unweigerlich ein Kommentar wie dieser: „Wenn Sie diese Aktie vor sechs Monaten gekauft hätten, hätten Sie Ihr Geld verdreifacht. Um solche Aktien zukünftig aufzuspüren, sollten Sie meinen Chartanalyse-Service und meine Screening-Programme abonnieren!" Natürlich würden die Charts und die Screening-Programme einen hübschen Batzen Geld kosten. Falls einer ihrer Leser wirklich die berechtigten und klugen Fragen: „Warum empfiehlt Ihre Zeitung die Aktien nicht schon, bevor die Bewegung einsetzt? Warum geben Sie immer erst im Nachhinein an, welche Aktien eine Bewegung durchlaufen haben?" stellen würde - Jills Antwort wäre die typische entwaffnende Antwort eines jeden Verkäufers: „Wir sind eine Zeitung und keine Anlageberatung. Wir bieten den Anlegern lediglich die Instrumente, mit denen sie hohe Renditen erzielen können."

Ich fuhr mit meinen Gedanken fort: „Ich halte einen solchen Ansatz für unaufrichtig und für nichts anderes, als mit falschen Versprechungen von Reichtum hausieren zu gehen. Aber die Börse hat ja auch die Aufgabe, die Naiven mit solchen Verlockungen des schnellen Geldes zu verführen." Das war hart und direkt, aber ich dachte mir, dass David ein Insider im Verlagsgeschäft ist und an offene Kommentare von seinen potenziellen Autoren sicher gewöhnt ist.

David unterbrach mich abrupt und sagte: „Aber Brad, das ist genau das, wonach die Masse ruft. Das mag sich jetzt unglaublich anhören, aber die Leute kaufen lieber einen Plan, um schnell reich zu werden, als eine zutreffende und exakte Darstellung der Marktrealitäten. Die Realität ist zu schwer zu akzeptieren. Die Menschen wollen glauben, dass man an den Märkten im Handumdrehen riesige Gewinne erzielen kann und zahlen viel Geld, um sich weismachen zu lassen, dass man an den Märkten ohne viel Aufwand den großen Reibach erzielen kann. Und sie werden immer wieder zurückkommen, wenn Sie weiterhin solche vielversprechenden Bücher und Dienstleistungen vertreiben."

„Der Markt ist nachfrageorientiert. Wo es eine Nachfrage gibt, da stellen wir das Angebot bereit. Die Nachfrage lautet eben Versprechen auf leichtes Geld! Mehr Menschen verlieren Geld an den Märkten, als irgendjemand zugeben will. Diese Verlierer wollen alle ihr Geld schnell und einfach zurückgewinnen. Das ist genau das, was wir anbieten - ein Versprechen auf leichtes Geld. Und der Verkauf von Büchern und Dienstleistungen, die diese Nachfrage befriedigen, bedeutet eben auch für uns leicht verdientes Geld."

Ich wusste, dass dies die Wahrheit war. Nicht nur durch meine eigenen Erfahrungen als Broker auf dem Rohstoffmarkt, sondern auch durch die Erfahrungen anderer in der Branche. Es ist frustrierend, wenn man einen besonderen Service anbietet, der genau die richtigen Schritte aufzeigt, um den Fallstricken zu entgehen und die richtigen Gelegenheiten zu nutzen, sich aber niemand dafür interessiert, weil die Arbeit auf dem Weg zum Erfolg anstrengend ist, viel Geduld und Ausdauer erfordert und eine besondere geistige Verfassung voraussetzt, um den richtigen Dreh herauszubekommen.

David fuhr fort: „Ein weiterer Nachteil Ihrer Arbeit ist, dass Sie keine bekannten CNBC- oder Wall Street-Gesichter in Ihrem Buch zitieren. Wenn Sie ein paar bekannte Leute interviewen würden, sollten Sie feststellen, wie leicht es ist, ein Buch an den Mann zu bringen. Die Öffentlichkeit ist auf Prominente scharf und jeder davon wird dazu beitragen, dem Verkauf des Buches einen Schub zu geben."

Ich sagte zu David: „Das ist schon in Ordnung, David. Ich werde das Buch als Selbstverleger herausgeben. Auf diese Weise kann ich völlig unabhängig entscheiden, was ich schreibe, wie ich schreibe und wann ich schreibe. Sie haben Recht. Ihre Form des Publizierens scheint mir sehr ähnlich zu sein wie die Art und Weise, wie die Insider an der Wall Street agieren. Es geht hauptsächlich um Hype und dieser wird produziert, um eine Nachfrage zu schaffen und anschließend zu befriedigen. An dieser Form des Kapitalismus ist nichts auszusetzen, es ist nur nicht mein Stil."

David reagierte kühl und sagte: „Viel Glück. Kein führendes Medienunternehmen rezensiert jemals ein selbstverlegtes Werk. Außerdem werden Sie es schwer haben, das Buch zu vermarkten, denn die meisten traditionellen großen New Yorker Verlage haben einen Zugang zu allen Radio-, Fernseh- und Printinterviews, wie auch zur Berichterstattung über ihre eigenen Autoren. Ein Autor, der sein Buch eigenverantwortlich veröffentlicht, hat absolut keine Chance, in irgendeiner Form wahrgenommen zu werden."

„Außerdem hat ein solches Buch keine Chance, es in die führenden Buchhandlungen und Ladenketten wie Wal-mart, Barnes & Noble, Borders, B. Dalton und dergleichen zu schaffen. Es sind Leute wie wir, die großen traditionellen Verlage, die die Möglichkeit und die vertraglichen Vereinbarungen besitzen, unsere Bücher in den Regalen der Buchhandlungen zu platzieren. Darüber hinaus können wir mit unseren Tausenden von Mitarbeitern Hunderte von Rezensionen bei allen führenden Online-Händlern wie Amazon veröffentlichen. Ein Self-Publisher wie Sie verfügt nicht über eine solche Maschinerie, um seine Bücher zu bewerben. Ich fürchte, Sie werden mit Ihren Buchverkäufen nicht viel verdienen können. Zudem: Was wissen Sie schon über das Füllen von Büchern? Wir Verleger wissen jedoch genau, wie man ein Buch mit vielen, vielen Seiten überflüssiger und nutzloser Informationen füllt. Wir können Seiten über Seiten damit füllen, nur damit das Buch dick und nach viel Substanz aussieht. Wir fügen einen Index, ein Glossar usw. hinzu, nur um mehr Seiten in einem Buch unterzubringen. Sie wissen ja, je mehr Seiten ein Buch hat, desto höher ist auch der Preis, den wir dafür verlangen können."

David hatte in jeder Hinsicht Recht. Obwohl Amerika mehr Möglichkeiten bot als jede andere Nation, bewegte sich eben dennoch alles innerhalb eines Netzwerks alter Freunde. Ganz gleich, wie gut ein Buch auch sein mag, die Publicity in den Medien und in der breiten Öffentlichkeit ist nun mal ein Schlüsselfaktor, um ein Buch zu einem Bestseller zu machen. Wenn die Öffentlichkeit nicht auf ein gutes Buch aufmerksam gemacht wird, ist die Chance gering, dass das Buch gekauft oder gelesen wird, zumal jedes Jahr Hunderttausende neuer Bücher erscheinen, von denen die große

Mehrheit tatsächlich von den großen Playern, gepusht, vermarktet und verkauft wird.

Davids Kommentare kamen daher nicht allzu überraschend. Ich bin ein alter Hase am Markt und werde von Minute zu Minute älter. Ich bin also schon lange genug dabei, um die Realitäten zu kennen. Ich war nicht darauf aus, mit meinem Buch reich zu werden. Ich wollte stattdessen etwas weitergeben, das ich selbst erlernt hatte und dass mir die Lektionen eines der größten Spekulanten der Neuzeit, Boyd Hunt, vermittelt hatten. Boyd war dem Rest der Welt unbekannt und er zog es vor, es dabei auch zu belassen. Ich hatte das Glück, Boyd gut zu kennen und einige seiner Operationen am Markt waren geradezu unglaublich. Diese Informationen und die Regeln für erfolgreiche Spekulationen finden sich in diesem Buch, doch wie diese interpretiert und letztlich umgesetzt werden, bleibt den Lesern selbst überlassen.

KAPITEL 1

DER ANRUF DES SPEKULANTEN

B oyd Hunt war ein geradezu meisterhafter Spekulant. Ich kannte einige sehr erfolgreiche Spekulanten, aber Boyd war bei weitem der Beste und spielte in einer eigenen Liga. Er war inzwischen in den Neunzigern angekommen und lebte zurückgezogener als noch vor ein paar Jahren. Doch auch damals war er immer sehr diskret und bescheiden. Man hätte sich problemlos eine Stunde lang mit Boyd unterhalten können, ohne zu bemerken, was für ein erfolgreicher Marktteilnehmer er tatsächlich war. Was er über die Märkte wusste, war Millionen wert - wenn man es richtig einsetzte.

Es war Anfang 2005, als ich einen Anruf von ihm erhielt und es waren schon einige Monate vergangen, dass ich meinen Bericht über den irren Kursanstieg von Taser von 7000% innerhalb von 52 Wochen verfasst hatte. Wie es der Zufall so wollte, war der Bericht irgendwie an die lokalen Medien durchgesickert, doch um den Aufruhr zu dämpfen, der hätte ausbrechen können, hatte ich den Bericht ohnehin in Form einer Fiktion veröffentlicht und der breiten Öffentlichkeit zugänglich gemacht. Das Buch trug den Titel „Die perfekte Aktie". Wie sich herausstellte, war mein Buch recht gut aufgenommen worden, insbesondere für das Werk eines unbekannten Erstautoren, der es auch noch selbstverantwortlich veröffentlicht hatte. Aber ich war etwas enttäuscht, dass einige Leser die Lektionen, die in dem Buch enthalten waren, nicht verstehen konnten. Ich vermutete, dass es an meinen eigenen Unzulänglichkeiten als Autor lag. Ich war kein Experte für die englische Sprache und mehr darauf bedacht, die Lektionen des Marktes in meine Fiktion zu integrieren, als zu versuchen, politisch oder anderweitig korrekt zu sein oder ein tadelloses Englisch zu verwenden.

Sobald der Bericht als Fiktion zu markiert wurde, um bestimmte Identitäten und Ereignisse zu schützen, schienen die Medien irgendwie das Interesse zu verlieren. Doch später wurde mir klar, dass die meisten der lokalen Medien Taser-Aktien besaßen. Und niemand wollte im Herbst 2004 hören, dass die Aktie bereits im April 2004 ihren Höchststand erreicht hatte. Wie sich herausstellte, war der Höchststand im April 2004 das Ende der Fahnenstange. Allein im Jahr 2005 war Taser von einem Höchststand von $33 auf eine Preisspanne von $7-10 gefallen, als der Frühling hereinbrach. Ich hatte nicht vor, durch die Stadt zu wandeln und zu verkünden: „Ich habe es Ihnen ja prophezeit." Das war nicht mein Stil, und Taser war nun ohnehin ein alter Hut. Zudem hatte ich mich am Markt auch schon oft geirrt, doch im Laufe der Jahre hatte ich gelernt, mich im Kleinen zu irren und im Großen Recht zu behalten.

Als Boyd mich anrief, war ich ein wenig ängstlich. Was könnte er von mir wollen? Fand er es verwerflich, dass ich seinen Charakter in meinem ersten Buch beschrieben hatte? Ich hatte einige seiner Tradingnotizen und -techniken in meinem Buch verwendet und dabei versucht, die Handlungen eines bedeutenden Spekulanten zu veranschulichen. Es war bereits Monate her, dass ich das letzte Mal mit ihm gesprochen hatte. Ich hatte jedoch mein Wort gehalten und große Vorsichtsmaßnahmen getroffen, um seine reale Identität zu schützen, da er seine Privatsphäre enorm schätzte. Ich hatte einen fiktiven Namen anstelle seines echten Namens verwendet und auch einen fiktiven Ort für seinen Wohnort ausgewählt. Rief er jetzt etwa an, um mir sagen, dass er wegen meiner Anspielungen auf seine Geschäfte, die seinen realen Trades mit Taser-Aktien so sehr ähnelten, sauer war?

Es war an einem frühen Morgen im Januar 2005, kurz nach 6:00 Uhr morgens. Wie jeden Tag trank ich schwarzen Kaffee und las dabei die Wirtschaftsteile der New York Times und der Arizona Republic. Plötzlich läutete das Telefon und ich nahm ab. Es war Boyd. Er bat mich, so schnell wie möglich zu ihm zu fahren und ihn zum Frühstück zu treffen. Er sagte, er habe etwas sehr Wichtiges mit mir zu besprechen und benötige meine Anwesenheit unverzüglich. Ich spürte, wie sehr ihm das unter den Nägeln brannte und willigte ein, sofort den Hügel hinaufzufahren, um ihn zu treffen.

Als ich die Auffahrt hinauffuhr, war ich tief in Gedanken versunken und ein wenig neugierig auf den Grund von Boyds Anruf. Irgendwie schaffte ich es trotzdem, den wundervollen Blick auf das Tal zu genießen, das unter der hellen, klaren Wintersonne Arizonas lag. Boyd saß inzwischen am Pool und schlürfte seinen Kaffee. Als er mich sah, stand er auf, um mir die Hand zu schütteln. Ich bemerkte, dass er gealtert zu sein schien und müde klang, als er mir einen guten Morgen wünschte. Er reichte mir eine frische Tasse Kaffee und sagte: „Danke, dass Sie so kurzfristig gekommen sind, denn meine Zeit ist kostbar. Bei meiner letzten Untersuchung hat mein Arzt mehrere Geschwüre in meiner Lunge entdeckt, ich befürchte, dass ich Lungenkrebs habe."

Ich war schockiert. Zudem hatte ich ihn noch nie rauchen sehen. Alles, was ich sagen konnte, war: „Wie kann das sein? Sie sind doch Nichtraucher. Es tut mir leid, Boyd! Ich weiß nicht, was ich sagen soll. Das ist wirklich fürchterlich."

Er winkte ab und meinte, dass er in seiner Jugend viele Jahre lang starker Raucher gewesen sei. In seinen Fünfzigern hatte er schließlich aufgehört, doch die Schäden, die er in früheren Jahren seiner Lunge angetan hatte, hatten nun offenbar ernste Konsequenzen. Er schien allerdings nicht besonders daran interessiert, über seine Krankheit zu sprechen. Er kam direkt zur Sache und sagte: „Wie Sie wissen, habe ich eine Handvoll alter Freunde, für die ich einen kleinen Börsenkommentar verfasse. Sie haben mich gebeten, dass ich jemanden finde, der meinen Kommentar zukünftig übernimmt. Ich konnte mir sonst niemand anderen dafür vorstellen. Ihr Name war der erste und einzige, der mir dabei in den Sinn kam."

Ich war völlig überrumpelt, denn all das kam völlig unerwartet und wie aus heiterem Himmel. Zunächst war ich immer noch fassungslos über die Nachricht von Boyd Gesundheitszustand. Und nun hatte er mir auch noch diese neue und schwere Bürde auferlegt. Ich konnte es kaum glauben und sah ihn einfach nur an. Dann öffnete ich meinen Mund, aber fand einfach nicht die richtigen Worte. Boyd sah mein Unbehagen, lächelte und sagte mit seiner gewohnt kühlen und ruhigen Stimme: „Machen Sie sich keine Sorgen. Ich bin sicher, dass dies Ihre Zeit und Ihre sonstigen Verpflichtungen nicht beeinträchtigen wird, denn ich weiß genau, dass Sie das meiste von dem, was ich tue, selbst bereits anwenden, um den Markt richtig zu interpretieren. Und ich weiß auch, dass Sie auf der Grundlage Ihrer Einschätzungen des Marktes potenzielle Top-Aktien herauspicken.

Das ist also so ziemlich das, was auch ich meinen Lesern biete. Und ich habe ja auch noch etwas Zeit, um Ihnen bei den Grundlagen zu helfen, damit Sie sich mit dem Beschreiben Ihrer eigenen Interpretationen der Marktlagen vertraut machen können."

Ich sammelte mich einen Moment lang, holte tief Luft und erwiderte: „Ich fühle mich wirklich geschmeichelt, Boyd, aber ich fürchte, mein Wissen über die Märkte ist nicht annähernd so umfangreich wie das Ihre. Außerdem fallen mir mindestens ein oder zwei andere Leute im Valley ein, die das besser können als ich."

„Verkaufen Sie sich nicht unter Wert! Ich weiß, von wem Sie sprechen, aber die unterliegen anderen Interessen. Diese Leute sind ein Teil der Wall Street-Maschinerie und das macht es ihnen unmöglich, unvoreingenommen und unabhängig zu sein. Ich brauche jemanden, der völlig unabhängig von den Einflüssen der Insider ist. Es muss also jemand sein, der keine Verbindung zu potentiellen Insidern hat, jemand, der von der Wall Street völlig losgelöst ist und frei sein kann. Es tut mir leid, aber Sie sind der Einzige, der mir im Moment einfällt", sagte Boyd.

Ich antwortete: „Selbst wenn ich der Richtige wäre, muss ich zugeben, dass meine Fähigkeit, den Markt und bestimmte Aktien zu lesen und zu interpretieren, begrenzt ist. Ich habe nicht so viel Erfahrung mit den Märkten wie Sie. Ich habe auch nicht Ihren Einblick, Ihr Gespür und Ihre Fähigkeit, das Hintergrundrauschen zu durchschauen. Sie haben Ihr Handwerk durch jahrzehntelanger Erfahrung und erfolgreiche Arbeit an den Märkten gelernt. Ich würde den Bedürfnissen Ihrer Leser in keinster Weise gerecht werden.

Während wir unsere Ansichten austauschten, war Boyd gleichzeitig damit beschäftigt, Kisten aus seinem Arbeitszimmer an den Pool zu bringen. Ohne wirklich zu realisieren, was da geschah, folgte ich ihm in sein

Haus und wieder hinaus, während ich ihm half, eine Kiste nach der anderen an den Pool zu schaffen. Ehe ich mich versah, hatten wir zahlreiche Kartons aufgestapelt. Ich bemerkte, dass all diese Kartons nummeriert und voller Papiere waren. Mit der Zeit wurde meine Stimme immer leiser, denn Boyd schien mir nicht zuzuhören. Er öffnete nacheinander jeden Karton, warf von oben einen kurzen Blick auf die Papiere und ging dann zum nächsten über. Nachdem er alle inspiziert hatte, lehnte er sich zurück.

„Wecken diese Kartons irgendwelche Erinnerungen in Ihnen?" fragte ich. Boyd nickte und sagte: „Ja, darin liegt eine unschätzbare Menge an Wissen verborgen. Wenn ich gewusst hätte, was ich jetzt weiß, als ich in den 30er Jahren begann, hätte ich unglaublich viel Gutes bewirken können." Es war ja nicht so, dass er nicht schon genug Gutes getan hätte, doch, wie bei allen Menschen, keimt manchmal das Gefühl auf, dass die Dinge besser hätten laufen können, wenn man nur einige Lektionen früher und schneller gelernt hätte.

Ich wurde allmählich ziemlich nervös, denn er sah nicht so aus, als würde er seine Meinung ändern. Er wollte unbedingt, dass ich seine Arbeit übernehme, doch ich fühlte mich dem nicht gewachsen. Ich wusste, dass ich über einen fixen Verstand verfügte, doch er war jemand, dessen graue Zellen noch auf einem ganz anderen Level arbeiteten. Er schien mein Zögern zu spüren und meinte: „Ich habe Ihren Bericht über die Taser-Sache gelesen. Ich schätze Ihre offene Bewertung dieser Aktie und der Funktionsweise des Marktes als Ganzes. Es kommt häufig vor, dass die Öffentlichkeit in dem Irrglauben eingelullt wird, mit Hilfe von technischen oder mathematischen Modellen und anderen fortschrittlich anmutenden Methoden eine bessere Rendite erzielen zu können."

„Ihre Texte waren schlicht und ehrlich formuliert. Ich benötige jemanden, der eine ähnlich einfache, direkte und ehrliche Interpretation des

Marktes vornimmt, ohne dass mir irgendwelches böses Blut der Insider droht. Jeder kann und jeder will ein bullisches Szenario darlegen, um die Öffentlichkeit in seinen Bann zu ziehen. Ein starker Aufwärtstrend kommt aber nur in etwa 30-40% der Fälle zustande und in einem Zehn-Jahres-Zyklus kommt eine richtige Hausse etwa drei oder vier Mal vor. Ich fokussiere mich darauf, einer der Wenigen zu sein, die während einer solchen Hausse viel Geld machen, gleichzeitig kein hohes Risiko eingehen und obendrein in der übrigen Zeit nichts verlieren. Fast jeder hat schon einmal Geld an den Märkten gemacht und das ist es auch, was uns immer wieder zurückkehren lässt. Nur sehr wenige haben jedoch das, was sie zuvor verdient haben, auch behalten können, denn der Markt holt sich in der Regel alles und noch mehr zurück. Es gehört schon etwas Mut dazu, richtig zu interpretieren und klar darzulegen, dass nicht jede Rallye der Beginn eines Bullenmarktes ist. Doch ebenso ist nicht jeder Abverkauf gleich der Beginn eines Bärenmarktes."

Ich hatte das Gefühl, dass er mich genau damit hatte, denn ich war immer skeptisch gegenüber dem Hype und der Meinung der Medien über die Märkte. Ich hatte schon mehr als ein paar Marktzyklen miterlebt, um zu wissen, dass der Markt die meisten Menschen zu täuschen vermag. Und die Wahrscheinlichkeit, dass die Menschen Recht behielten, war stets gering. Boyd bestätigte damit, dass sein Ansatz nicht viel anders war als meiner. Er sagte: „Ich bin dem Markt immer mit dem Bewusstsein begegnet, dass ich es mit einem trickreichen und gefährlichen Gebilde zu tun habe. Deshalb zog ich es vor, mit einem klaren Fokus auf die erwartete Gewinnwahrscheinlichkeit vorzugehen."

„Ich bin ein einfacher Mann und ich mag ein einfaches Leben. Ich versuche, alles zu vereinfachen, denn ich hasse Komplikationen. Und sobald etwas anfängt, kompliziert zu werden, reagiere ich äußerst irritiert. Ich habe also gelernt, wie wichtig es ist, die Dinge einfach zu halten. Anders kann ich nicht arbeiten. Ich habe keine Ahnung von den neuesten mathematischen Modellen, Software, Wahrscheinlichkeitsmodellen, Ökonometrie und all dem anderen Kram. Wenn es darauf ankäme, um als Spekulant erfolgreich zu sein, warum sehe ich dann nicht überall eine Menge Mathematiker, die tatsächlich großartige Spekulanten sind? Und warum werden die Spitzenmathematiker von Brokern und Forschungseinrichtungen angeheuert, um Unmengen von mathematischen Modellen zu entwickeln und zu optimieren? Ich meine, wenn diese mathematischen Modelle so großartig wären, warum arbeiten all diese brillanten Mathematiker dann für Broker in der Forschung und Modellentwicklung, anstatt erfolgreich an den Märkten zu handeln? Ich denke, es ist diese typisch menschliche Tendenz dazu, nicht zurückstehen zu wollen. Wenn ein Broker mit lauter Wissenschaftlern und Mathegenies in seiner Forschungsabteilung aufschlägt, dann ziehen andere Broker nach, damit sie bei der Suche nach dem magischen und garantierten Profit nicht abgehängt werden.

„Es gibt keine unfehlbaren Systeme. Wenn es das gäbe, würde der Markt aufhören zu existieren. Denn ein solches unfehlbares System würde den Markt komplett bereinigen. Sobald man diese Tatsache akzeptiert hat, ist man auf dem besten Weg, den Markt in den Griff zu bekommen. Solange man aber noch auf der Suche nach einem solchen unfehlbaren System ist, wird man sich auch weiterhin blaue Augen holen. Die zweite Wahrheit, der man sich stellen sollte, lautet, dass alles, was man braucht, um ein erfolgreicher Spekulant zu sein, im Preis, bzw. Handelsvolumen der führenden Aktien und Indizes abgebildet ist."

„Ich habe festgestellt, dass alle möglichen Variationen von innovativen Marktsignalen und Indikatoren bereitgestellt werden, um die Leichtgläubigen in die Falle zu locken. Jeder behauptet, er habe die magische

Lösung gefunden, um den Markt zu schlagen, doch so etwas wie eine sichere Sache existiert nicht. Der Markt stellt uns alle immer wieder auf seine ganz eigene geniale Art und Weise auf die Probe, indem er uns hin und wieder ein paar Brotkrumen hinwirft anbietet, damit wir immer wieder zurückkommen und nach mehr lechzen. Jedes Handelssystem funktioniert zu einem bestimmten Zeitpunkt in einem Marktzyklus für eine kurze Zeitspanne. Salopp gesagt gibt man den naiven Leuten gerade genug Seil, um sich aufzuhängen. Natürlich will das niemand hören, denn dann müsste man akzeptieren, dass es den leichten Weg zum Reichtum nicht gibt. Und wer würde denn nicht gern spielend einfach reich werden?"

„Mein Ansatz ist äußerst simpel. Wie ich schon sagte, bin ich ein einfacher Mann. Ich halte meine Aktionen deshalb auch sehr simpel. Wenn mir etwas nicht direkt ins Gesicht springt, dann ist es höchstwahrscheinlich die Tücke des Marktes, der versucht, mich mit Verlockungen in die Falle zu bewegen. Bei den Versuchen, kleine, schrittweise Profite zu erzielen, ist mehr Geld versenkt worden, als die Menschen je glauben würden. Der einfache Mann auf der Straße hat gar keine Chance, die Marktforschung der größten Broker, Researcher, Fondsmanager und Investmentbanker zu übertreffen. Diese Unternehmen beschäftigen die besten und klügsten Köpfe für sich. Sie sind es auch, die einige der besten Analysen erstellen."

„Ich kann natürlich nicht besser recherchieren als diese großen Player, aber ich kann sehen, was sie mit diesen Daten anstellen und auf welche Weise sie Aktien kaufen und verkaufen. Ich sehe es schlicht und einfach an den Kursen und Volumen-Daten der Indizes und der einzelnen Aktien. Das ist für mich die einzige Information, die ich brauche. Ich folge einfach dem großen Geld. Aber um bis zu diesem Punkt zu gelangen, habe ich Jahre damit verbracht, um zu lernen. Allein die großen Profite, die ich erzielt habe, haben bestätigt, was alle Top-Spekulanten auch wissen. Es kommt ausschließlich auf den Preis und das Volumen an. Der Rest des Marktgeschehens ist reine Makulatur."

Ich warf ein: „Boyd, ich stimme mit Ihnen überein. Doch wie haben Sie es geschafft, Ihre Leser davon zu überzeugen, dass Preis und Handelsvolumen alles ist, was man beachten muss? Ich stelle immer wieder fest, dass die Öffentlichkeit, wenn ich die Dinge vereinfache, nicht glauben will, dass es tatsächlich genau so einfach sein könnte. Sie wollen lieber an eine mit Jargon gespickte Analyse eines Services glauben, der nur auf Hype und Blendwerk basiert, als an eine schlichte, geradlinige und ehrliche Einschätzung des Marktes."

Darauf antwortete er: „Ja. Wir Menschen wollen glauben, dass das Geheimnis des Markterfolgs etwas Tiefgründiges und Kompliziertes ist und die Argumentation dafür ist ganz einfach. Es ist deshalb so schwer, erfolgreich zu sein, weil es eben kompliziert sein muss. Es kann deshalb nicht einfach sein. Also wird jeder, der Kompliziertes Zeug erzählt und dabei viel Glanz und Gloria zeigt, der ellenlange Wörter und komplizierte Mathematik verwendet, sofort für ein Genie der Märkte gehalten. Meine Leser wissen es jedoch besser, denn auch sie sind nicht mehr grün hinter den Ohren. Sie haben früher Millionen für Spitzenforscher und hochmoderne Rechenmodelle verplempert und noch mehr verloren, vor allem während eines Bärenmarktes. Sie haben auf die harte Tour meine erste und essenzielle Lektion gelernt, die da lautet: Verliere nichts. Man muss schon ein Genie sein, um zu verstehen und zu erkennen, dass nicht zu verlieren eigentlich bereits gewinnen bedeutet. Kaum jemand erkennt dies, folglich finden wir auch kaum dauerhaft erfolgreiche Spekulanten an den Märkten vor. Es gibt sie zwar, aber nur sehr wenige, weil die meisten Menschen das Konzept der Vermeidung von Verlusten nicht verstehen."

Ich befragte ihn dann nach der weit verbreiteten Ansicht, dass man dem Gewinnwachstum große Aufmerksamkeit schenken sollte. Ich wusste zwar genau, was er antworten würde, da er alles auf das Wesentliche reduzierte, aber ich fragte Boyd trotzdem: „Ignorieren Sie Aktien von Firmen, die kein Gewinnwachstum aufweisen? Schließlich hat die Dotcom-Blase die Leute gelehrt, dass fehlende Erträge der Untergang vieler New Economy-Aktien waren."

Er lächelte wissend und antwortete: „Sie wissen, dass die Ertragserwartungen wichtiger als die tatsächlichen Erträge sind. Das Gewinnwachstum ist in vielen Fällen ein nachlaufender Indikator. Oft ist eine große Marktbewegung bereits eingetreten und vorüber, bevor ein junges Unternehmen tatsächliche Gewinne vorweisen kann. Der Aktienmarkt ist zukunftsorientiert. Die Kursbewegung geschieht in Erwartung von etwas, nicht als Resultat dessen. Für Anfänger und Amateure ist es normal, sich ausschließlich auf das Gewinnwachstum zu konzentrieren. Die Insider wollen auch, dass sich die Marktteilnehmer darauf konzentrieren. Schließlich können die Insider ihre Aktien nur dann abstoßen, wenn es einen großen Pool von Käufern für diese Aktien der Insider gibt."

„Sobald das Gewinnwachstum feststeht, ist der größte Teil des Kursanstiegs einer Aktie in der Regel schon gelaufen. Das geht zurück auf meine vorherige Anmerkung über die Forschungen, welche die Big Player betreiben. Berücksichtigen Sie, dass diese über ein Heer von Analysten verfügen, die bereits alles vorausgesagt und antizipiert haben, was es zu antizipieren gibt. Das große Geld platziert seine Positionen auf der Grundlage dessen, was für die Zukunft erwartet wird. Nicht aufgrund der Gewinne der vergangenen Quartale. In einem Umfeld, in dem alles auf der Grundlage von antizipierten Bedingungen und Ereignissen über Monate im Voraus verzinst wird, was nützen da bitte schön die Gewinne abgelaufener Quartale? Die Nachrichten von heute sind längst Geschichte. Die Nachrichten dienen dazu, die Amateure anzufüttern und ihnen etwas vorzugaukeln. Längerfristig gesehen sind die Nachrichten nur eine verspätete Bestätigung für die Entwicklung einer Aktie, die bereits vor Wochen oder Monaten stattgefunden hat. Ich achte auf die Erwartung von Gewinnen - nicht auf die tatsächliche Gewinnentwicklung. Wie ich schon sagte, sind selbst die heutigen Nachrichten auf dem Markt längst Geschichte."

„Es ist für diejenigen meiner Leser, die einen gesunden Menschenverstand besitzen, offensichtlich, dass es schlicht töricht wäre zu glauben, dass der einfache Mann in Sachen Marktanalyse und Recherche das leisten kann, was die großen Giganten tun. Und da diese Leute mit dem großen Geld große Summen in die Aktien investieren, die ihnen zusagen, muss ich nur dem großen Geld folgen und kann auf diese Weise anhand der besten Recherchen und Analysen traden. Es kann keine einfachere Methode geben, um auf dem Markt profitaben zu agieren als diese. Verfolgen Sie die Kurs- und Volumenentwicklung des großen Geldes, um zu erkennen, was die Big Player tun. Diese beiden Faktoren zeigen mir, wo das Großkapital kauft, wo es verkauft und wo es eine Aktie hält."

„Das Großkapital weiß natürlich, dass Leute wie wir ihrem Geld folgen werden. Deshalb täuschen sie uns mit Ablenkungsmanövern und gaukeln oft Ausbrüche und Marktbewegungen vor, um uns aus dem Konzept zu bringen. Das liegt daran, dass auch sie kluge Köpfe in ihren Reihen haben, die auf die Preis-/Volumenentwicklung ihrer Assets achten. Sie sehen also die gleichen Dinge wie ich. An diesem Punkt kommt ein solides Kapitalmanagement ins Spiel und gleichzeitig ist es wichtig, nach bestätigenden Indikatoren Ausschau zu halten. Hierbei kann es genau so wichtig sein, dem Markt fernzubleiben wie einzusteigen, denn es wird Phasen geben, in denen anhand des Preises und des Volumens nichts vielversprechend aussieht. Und selbst wenn etwas potentiell gut aussieht, machen es die allgemeinen Marktbedingungen oft unmöglich, erfolgreich zu sein, da der Markt keine angemessenen Profitchancen bietet. In solchen Zeiten ist es deshalb essenziell, nicht am Markt aktiv zu sein, sich zurückzuhalten und das Marktgeschehen zu beobachten. Das ist für die meisten Leute sehr, sehr schwer. Es gibt immer jemanden, der gerade irgendeine Aktie pusht. Sich zurückzunehmen und nicht auf den Hype hereinzufallen, ist für die meisten Leute extrem schwer."

„Ich hoffe, dass Sie mein Angebot annehmen und mir helfen werden, indem Sie meine Arbeit fortführen. Meine Leser sind versiert und sehr erfahren, abgesehen davon ist dieser Kreis recht überschaubar. Ich bin nicht auf der Suche nach mehr Lesern, denn es geht mir nur um die wenigen Kunden, die mir seit Jahren treu sind. Ich tue dies, um ihre Loyalität und ihr Vertrauen in mich zu würdigen. Diese Menschen sind nicht auf der Suche nach Beratung, sondern suchen lediglich eine unabhängige Markteinschätzung. Sie wollen bestätigt bekommen, ob sie mit ihrer Einschätzung richtig liegen. Ich habe volles Vertrauen in Ihre Fähigkeiten und bin gerne bereit, die nächsten Tage mit Ihnen zu verbringen und Ihnen einige Marktmechanismen zu erklären, wenn Sie dies wünschen. Falls Ihnen das in irgendeiner Weise unangenehm sein sollte, kann ich Ihnen diese Kisten auch einfach überlassen. Ich bin sicher, dass einige der Zyklen, die ich darin protokolliert habe, in der Zukunft in der einen oder anderen Form wieder auftauchen werden. Auch die Notizen, die ich beigefügt habe, können Ihnen vielleicht helfen. Falls Sie sich dazu entscheiden sollten, diese Aufgabe anzugehen, müssen wir jedoch dringend gemeinsam ans Werk gehen."

Boyd konnte auf seine ruhige, unaufdringliche Art sehr überzeugend sein, doch ich war immer noch unsicher, ob ich meine Gedanken über den Markt richtig beschreiben konnte. Ich hatte gute und schlechte Jahre hinter mir - wie jeder andere auch. Aber meine guten Jahre waren nie so gut gewesen wie Boyds gute Jahre. Schlimmer noch, meine schlechten Jahre waren stets schlechter als Boyds schlechteste Jahre. Und obwohl mein Bericht über Taser inzwischen öffentlich geworden war, wusste ich, dass mein Schreibstil nicht der beste war. Ich hatte die Tendenz, so zu schreiben, wie ich dachte. In kurzen, prägnanten und knackigen Sätzen. Und für einige Leute war es schwieriger als ich mir vorgestellt hatte, etwas zu verstehen, was zunächst unzusammenhängend erschien.

Ich erklärte Boyd dieses Manko meines Schreibstils. Ich war kein Jungspund mehr - wenn ich also bis jetzt noch keinen ansprechenden Schreibstil entwickelt hatte, dann würde ich das nun, in meinen Vierzigern, mit Sicherheit nicht mehr erlernen. Ich wollte nicht, dass seine Leser enttäuscht werden, sobald sie einen anderen Schreibstil bemerkten, zumal sie sich an Boyds filigranen Schreibstil gewöhnt hatten.

Boyd entgegnete darauf: „Machen Sie sich darüber keine Sorgen. Sie verfassen kein Werk der Literaturgeschichte, das erwartet auch niemand von Ihnen. Was meine Leser allerdings erwarten, ist eine sachkundige, aufrichtige, ehrliche, geradlinige und vor allem unabhängige, sowie unvoreingenommene Interpretation des Marktgeschehens. Sie erwarten einen wiederkehrenden Ansatz, der die soliden Prinzipien erfolgreicher Spekulationen betont. In dieser Hinsicht sind wir wie Kinder. Wir brauchen ständige Wiederholungen, um die Grundsätze erfolgreicher Spekulation immer wieder aufs Neue zu verinnerlichen. Das menschliche Gedächtnis ist kurz. Wenn etwas nicht oft genug wiederholt wird, vergessen wir es. Sollten meine Leser wirklich nach literarischen Werken suchen, bin ich sicher, dass es auf dem Markt viele großartige Werke gibt, die für sie frei zugänglich sind. Niemand ist jedoch auf der Suche nach einem preisgekrönten Schreibstil. Was wir allerdings wirklich brauchen, sind sich wiederholende Regeln, die uns daran erinnern, wie man unter schlechten Marktbedingungen die Verluste minimiert und unter guten hohe Profite erzielt."

Als er mein Zögern bemerkte, fuhr er fort: „Warum schlafen Sie nicht eine Nacht darüber? Nehmen Sie diese Kisten mit nach Hause und gehen Sie die Notizen durch, die Sie darin finden werden. Nehmen Sie sich das Wochenende, um alle Aspekte zu berücksichtigen. Besprechen Sie es mit Ihrer lieben Frau und treffen Sie dann Ihre Entscheidung. Falls Sie sich dazu entschließen, würde ich gerne ein paar Stunden mit Ihnen verbringen, um Ihnen ein paar einfache Lektionen über die Märkte beizubringen. Ich denke, das wird Ihnen helfen, sich an die grundlegenden Prinzipien der Spekulation zu halten, auf die sich meine Leser so sehr verlassen."

In diesem Moment wurde mir klar, dass Boyds Einblicke und Lektionen mir das einfache wie geniale Vorgehen eines erfolgreichen Spekulanten vermitteln würden. Ich fragte ihn danach, ob auch für den Fall, dass ich die Arbeit nicht annehmen würde, er so freundlich wäre, die nächsten Tage mit mir zu verbringen und mich in einige seiner Geheimnisse einzuweihen. Was ich wusste, war nichts im Vergleich zu dem Wissen, welches sich in ihm verbarg. Er nickte zustimmend.

Nach einigen Minuten des Gesprächs über seinen Gesundheitszustand und die düstere Prognose stand er auf, um mir mitzuteilen, dass er für den heutigen Vormittag mit mir durch war und wir gaben uns zum Abschied die Hand. Es war mitten am Vormittag und ich machte mich auf den Weg nach Hause. Mein Auto war vollgepackt mit Boyds Kisten.

Ich fuhr tief in Gedanken versunken nach Hause und das fiel mir schwer. All das war zu viel für mich für einen einzigen Vormittag. Ich fuhr zu meiner Garage und begann, die Kisten, eine nach der anderen, in mein Büro zu schleppen. Ich hatte ein kleines, aber effizientes Büro zu Hause, doch als ich die Kisten darin untergebracht hatte, sah es darin plötzlich aus wie in einem überfüllten Schrank.

Anschließend habe ich das Wochenende damit verbracht, einige der besten und einige der schlechtesten Jahre der jüngsten Vergangenheit in Bezug auf die Gewinne des S&P 500 Index durchzugehen. Die genauen Daten hierfür habe ich mir aus dem Internet heruntergeladen. Ich habe die Aufzeichnungen der entsprechenden Jahre aus den Kisten von Boyd herausgekramt und einige Notizen dazu angefertigt. Mit großem Interesse stellte ich fest, dass Boyd in den besten Jahren des S&P 500 ein Vermögen am Markt verdient hatte, während er gleichzeitig in den Dürreperioden gar nicht handelte und damit verlustfrei blieb.

An diesem Sonntagabend führte ich ein ausführliches Gespräch mit meiner Frau über Boyd, dessen schlechten Gesundheitszustand und seinen Vorschlag. Ich brauchte ein objektives, intelligentes und intuitives Feedback von jemandem, dem ich vertraute und der mich gut kannte.

Es war schon nach Mitternacht, weit nach meiner üblichen Schlafenszeit, als ich meine Entscheidung traf. Ich ging in mein Büro, schickte eine E-Mail an Boyd und nahm sein Angebot an, seine Kolumne zu übernehmen. Ich wusste, dass er seine E-Mails gleich morgens als erstes checkte. Es war zu spät in der Nacht, um ihn anzurufen, aber ich nahm an, dass er eine zügige Antwort von mir haben wollte, also war eine E-Mail der beste Weg, um mit ihm zu kommunizieren.

Ich hatte schon vor langer Zeit verstanden, dass besonders leere Gefäße eine Menge Lärm verursachen und auch auf dem Markt sind die lauten Angeber und Aufschneider in der Regel nicht die Erfolgreichen. Die wirklich Erfolgreichen sind die stillen und anonymen Typen. Und Boyd gehörte zu den erfolgreichsten, anonymsten und stillsten Marktteilnehmern überhaupt.

Ich wusste, dass ich von so einem Experten viel über erfolgreiche Spekulationen lernen könnte und es würde an mir liegen, diese Informationen sinnvoll zu nutzen. Die Werkzeuge würde er mir an die Hand geben, doch die Art und Weise, wie ich mich disziplinieren und diese anwenden würde, wäre für meinen zukünftigen Markterfolg entscheidend. Ich benötigte also meinen vollen Fokus, um die gewünschten Ergebnisse zu erzielen. Sich zu konzentrieren und sich nicht ablenken zu lassen, würde hierbei die größte Herausforderung sein.

Zusammenfassung:

Der durchschnittliche Kleinspekulant hat keine Chance, die riesige Maschinerie des Großkapitals zu durchschauen, denn dort arbeiten einige der besten, klügsten, am besten ausgebildetsten und erfahrensten Leute. Daher ist der beste Weg, um mit den kenntnisreichsten Leuten im selben Fahrwasser zu schwimmen, deren Handeln zu verfolgen. Sie handeln auf der Grundlage all ihrer umfassenden Nachforschungen, die sie anstellen. Und diese Maßnahmen werden dem sorgfältigen und geduldigen Marktteilnehmer durch die Preis- und Volumenentwicklung der führenden Indizes in Verbindung mit der Preis- und Volumenentwicklung der führenden Aktien deutlich vor Augen geführt. Sobald man gelernt hat, die Preis- und Volumenentwicklung korrekt zu entschlüsseln, hat man den richtigen Weg zum Ziel der erfolgreichen Spekulation eingeschlagen.

Kapitel 2

KANN MAN DAS SPEKULIEREN ERLERNEN?

Am nächsten Morgen, als ich gerade die Morgenzeitung las, erhielt ich einen Anruf von Boyd. Er dankte mir, dass ich sein Angebot angenommen hatte und wollte sofort mit der Arbeit beginnen, um die Dinge voranzutreiben. Doch seine Zeit war begrenzt und er wollte keinerlei Risiken eingehen. Er bestand darauf, dass ich ihn noch einmal zum Frühstück treffe und machte anschließend diese morgendlichen Frühstückstreffen zu einer täglichen Gewohnheit für die folgenden Tage. Während unserer frühmorgendlichen Zusammenkünfte vermittelte er mir unbezahlbares Wissen, das direkt von einem der erfolgreichsten Spekulanten meiner Zeit stammte. Wie die meisten extrem erfolgreichen Spekulanten war auch Boyd ein Künstler seines Fachs, denn er beherrschte die wahre Kunst der Spekulation spielend.

Eine der ersten Fragen, die ich Boyd an diesem Morgen stellte, war, ob man Spekulation erlernen kann. Er antwortete, dass dies nicht nur möglich ist, sondern von jedem umgesetzt werden sollte, der sich an die Märkte wagt. Ohne spezifische und feste Spekulationsregeln sind die Menschen bei ihrem Streben nach Reichtum an den Finanzmärkten zum Scheitern verurteilt. Ich fragte ihn, wie er die Kunst der Spekulation denn einst erlernt hatte, denn mir war bereits klar, dass Spekulation eine Kunst und keine Wissenschaft ist. Und so bat ich ihn zu erklären, weshalb die Kunst der Spekulation von Anfängern mit Wissenschaft verwechselt wird. Boyd erwiderte: „Die Wissenschaft stützt sich auf bewiesene Fakten und Theoreme, bevor sie zu einer endgültigen Schlussfolgerung kommt. Bei der Spekulation wird zunächst beobachtet und dann auf der Grundlage der beobachteten Ereignisse gehandelt, wobei ausschließlich die Wahrscheinlichkeit des erwarteten Ergebnisses berücksichtigt wird. Jede nachfolgende Handlung basiert dann wiederum auf dem Ergebnis des vorangegangenen Ereignisses. Doch in der Kunst der Spekulation ist nichts wirklich schlüssig und ich habe Jahre der Erfahrung und des Lernens durch Verluste gebraucht, um zu verstehen, dass Spekulation eine Kunst ist.”

Ich bat ihn, dies ein wenig näher zu erläutern, weil ich nicht ganz verstanden hatte, was er da meinte. Schließlich sagte er: „Nehmen wir zum Beispiel die Wissenschaft. Newton beobachtete, dass der Apfel vom Baum herunterfiel. Dann hat er weiter beobachtet und bemerkt, dass alle Objekte zur Erde fallen, nachdem sie in die Luft geworfen wurden. Nachdem er festgestellt hatte, dass alles zur Erde zurückfällt, schloss er daraus, dass die Erde eine Anziehungskraft haben muss, die physische Objekte anzieht. Er folgerte also mit wissenschaftlicher Gewissheit, dass die Erde eine Gravitationskraft ausübt. Das bedeutet Wissenschaft und dagegen kann niemand Einspruch erheben.”

„Spekulation hingegen ist eine Kunstform, denn bei der Spekulation gibt es keine Gewissheit. Tatsächlich herrscht bei der Spekulation völlige

Ungewissheit, und diese Ungewissheit ist die einzige Gewissheit für einen erfolgreichen Spekulanten. Folglich kann es sich nicht um eine Wissenschaft handeln. Wäre dies eine Wissenschaft, dann müssten wir ein hohes Maß an Gewissheit über das Ergebnis haben. Wir wissen jedoch, dass das nicht der Fall ist. Ziehen wir einfach irgendeine Statistik aller professionellen Marktteilnehmer heran und wir werden feststellen, dass lediglich 10-15% der Teilnehmer in einem zufällig ausgewählten Jahr besser abschneiden als der Marktdurchschnitt. Das bedeutet, dass 85% der Menschen in einem beliebigen Jahr vom Markt geschlagen werden. Diese 85%ige Chance, dass der Markt den Spekulanten schlägt, beweist, dass erfolgreiche Spekulation keine Wissenschaft, sondern eine Kunst ist."

„Wenn man darauf besteht, dass die Spekulation ein wissenschaftlicher Prozess ist, dann hat man schon verloren, bevor man in den Markt eingestiegen ist. Es ist dieser menschliche Verstand, der die meisten Trading-Konten in das verlustreiche Scheitern führt. Um bei der Spekulation erfolgreich zu sein, muss man sich zuallererst der Tatsache stellen, dass es sich um eine Kunst handelt. Wenn man nach wissenschaftlichen Regeln und Schlussfolgerungen sucht, sollte man sich an die Wissenschaft halten und eben Forschung betreiben. Ein Wissenschaftler sollte niemals einen Trade ausführen, denn dies ruft zwangsläufig nur eines von zwei Ergebnissen hervor. Einen profitablen Trade oder einen, der Verlust erzielt. Da 85% der auf dem Markt platzierten Trades eine Rendite aufweisen, die unterhalb des Marktdurchschnitts liegt, ist die Wahrscheinlichkeit eines gewinnbringenden Trades, der auf reiner Wissenschaft basiert, sehr gering. Ein Wissenschaftler sollte in der Lage sein, Wahrscheinlichkeiten besser einzuschätzen als die meisten anderen Menschen, und bei derartigen Quoten würde er niemals einen Trade riskieren."

„Der größte Nachteil einer wissenschaftlichen Herangehensweise an den Markt ist, dass es keine Absicherung gibt, wenn man daneben liegt. Eine wissenschaftliche Herangehensweise hat von Natur aus eine Gewissheit über das Ergebnis, folglich wird ein Wissenschaftler einen Trade platzieren und keinen Ausgleich für den Fall haben, wenn dieser sich als falsch erweist und zu einem Verlust führt. Anders gesagt: Da ein Wissenschaftler sich des Ergebnisses seines Trades sicher ist, wird er niemals einen Gegentrade platzieren, um seine Position liquidieren zu können, sobald diese einen Verlust einfährt."

„Ein Spekulant, beziehungsweise Künstler wird die Tatsache einkalkulieren, dass er sich irren könnte. Und falls er sich irrt, muss er die verlustbringende Position umgehend liquidieren und nach einer neuen Gelegenheit Ausschau halten, um einen profitablen Trade zu platzieren. Ein Spekulant beobachtet zunächst den Markt und einzelne Aktien, um zu sehen, ob ein bestätigter Trend erkennbar ist. Solange er keinen bestätigten Trend erkennen kann, wird er keinen Handel platzieren."

Ich unterbrach Boyd und bat ihn zu erklären, was er mit einem bestätigten Trend meinte. Ich konnte zwar einen Trend erkennen, wenn ich einen sah, aber Boyd hatte diese Art an sich, komplexe Dinge auf einfache Weise zu erklären. Ich hingegen hatte Schwierigkeiten mit Worten. Und er bewies, wie leicht es ihm fiel, marktspezifische Dinge zu erklären, indem er sagte: „Ein Trend ist etwas, das sich eindeutig in eine Richtung bewegt. Ein Aufwärtstrend ist ein Markt, der sich nach oben bewegt und ein Abwärtstrend ist ein Markt, der sich nach unten bewegt, aber die Märkte bewegen sich nicht in einer geraden Linie nach oben oder unten. In einem bestätigten Aufwärtstrend bewegt sich der Markt ein Stück nach oben, dann reagiert er und bewegt sich ein wenig in die entgegengesetzte Richtung. Die Abwärtsbewegung oder die Reaktion ist jedoch geringer als die ursprüngliche Aufwärtsbewegung. Im Anschluss geht es wieder nach oben. Diesmal steigt er bis zu einem Punkt, der viel höher ist als das Hoch, das er bei der letzten Aufwärtsbewegung erreicht hat. Im Anschluss reagiert er und bewegt sich erneut nach unten, doch diesmal geht die Abwärtsbewegung bis zu einem Punkt, der viel höher liegt als der tiefste Punkt während der letzten Abwärtsbewegung. Im Wesentlichen handelt es sich um eine Serie von höheren Hochs und höheren Tiefs. Dies ist ein bestätigter Aufwärtstrend. Bei einem Abwärtstrend verhält es sich genau umgekehrt. Ein bestätigter Abwärtstrend liegt vor, wenn der Markt oder eine Aktie eine Serie von niedrigeren Hochs und niedrigeren Tiefs aufweist."

Abbildung 1. Ein bestätigter Aufwärtstrend

1 = ein zurückliegender Tiefststand

2 = ein kurzfristiges Hoch, das von einer Aktie mit Aufwärtstrend erreicht wurde

3 = ein reaktionäres Tief, das als Reaktion auf das Hoch von Punkt 2 markiert wurde

4 = ein neues höheres Hoch über dem vorangegangen Hoch von Punkt 2

5 = ein Reaktionstief auf das jüngste Hoch bei Punkt 4

6 = ein neues höheres Hoch

Abbildung 2. Ein bestätigter Abwärtstrend

1 = Ein zurückliegender Höchststand

2 = ein kurzfristiges Tief, das von einer Aktie im Abwärtstrend erreicht wurde

3 = ein reaktionäres Hoch wird als Reaktion auf den Abwärtstrend von Punkt 1 zu Punkt 2 erreicht

4 = ein neues niedrigeres Tief wird als Fortsetzung des Abwärtstrends markiert

5 = das reaktionäres Hoch fällt niedriger aus als das vorherige Hoch bei Punkt 3

6 = ein neues niedrigeres Tief wird markiert

7 = das reaktionäre Hoch ist erneut niedriger als das vorherige Hoch bei Punkt 5

8 = Fortsetzung des Abwärtstrends

„Der Durchschnittstyp, der an den Markt kommt, weiß nicht einmal, wer er eigentlich ist. Er hat keine Ahnung, ob er ein Händler, ein Investor, ein Zocker oder ein Spekulant ist. Höchstwahrscheinlich hat er noch nie eine Sekunde damit verbracht, sich über seine eigene Charakterisierung am Markt klar zu werden. Er hat sich keine Zeit genommen, um zu verstehen, wie er dem Markt und seinen Tücken begegnen wird. Ist er ein Glücksspieler? Ein Glücksspieler handelt ohne Rücksicht auf seine Gewinnchancen. Ist er ein Investor? Ein Anleger ist per Definition jemand, der eine garantierte Rendite für seine Investitionen anstrebt. Da der Aktienmarkt keine garantierten Renditen bietet, hat ein Investor am Aktienmarkt nichts zu suchen. Ist er ein Trader? Falls er einer ist, dann muss er als der Typ auftreten, der für ein paar Scalper-Punkte einsteigt und wieder aussteigt. Auch hier gilt: Die Chancen stehen schlecht für jeden, der mehr als 0,5% erzielen will, und ein Trader hat keine Chance, Jahr für Jahr, Zyklus für Zyklus profitabel zu bleiben. So ist es nicht erstaunlich, dass die Wall Street-Maschinerie immer von Investoren und Tradern spricht. Ich habe noch nie gehört, dass die Wall Street davon spricht, Spekulanten anzusprechen. Das liegt daran, dass jeder weiß, dass der Spekulant nur dann ein Engagement eingeht, wenn die Chancen für ihn günstig stehen. Ein solcher Ansatz darf von den Insidern nicht gefördert werden, denn das würde sie daran hindern, ihre Aktien zum für sie richtigen Zeitpunkt an willige Käufer abzugeben."

Boyd fuhr fort: „Ein Spekulant wird sich erst dann engagieren, wenn er mindestens eine Reihe höherer Hochs gesehen hat, um einen Aufwärtstrend zu bestätigen, oder eine mit niedrigeren Tiefs, um einen bestätigten Abwärtstrend zu nutzen. Ich nenne das einen Zick oder einen Zack. Ich muss mindestens jeweils einen sehen, um den Beginn eines Trends bestätigt zu sehen und erst wenn das geschieht, kommen wir zum ersten Schritt. Genau das hat der Spekulant nun registriert. Der zweite Schritt besteht nun darin, den ersten Trade korrekt zu timen. Er muss nicht nur den Zeitpunkt seines Trades festlegen, sondern auch sein Kapital so managen, dass er, sollte er mit seiner Interpretation aufgrund seiner Beobachtung falsch liegen, nur kleine Beträge verliert. Zu diesem frühen Zeitpunkt ist der Spekulant nicht darauf aus, einen großen Reibach zu machen. Er versucht lediglich festzustellen, ob er mit dem Markttrend überein stimmt. Also beginnt er nun, seine Kapitalmanagementstrategien anzuwenden. Ich werde in den kommenden Tagen mehr zu diesem Thema sagen."

Abbildung 3. Ein Zick zeigt einen potenziellen Aufwärtstrend

1 = vorheriger Aufwärtstrend

2 = letztes Hoch

3 = Reaktionstief auf das jüngste Hoch

4 = sobald das Hoch bei Punkt 2 überwunden wird, hat möglicherweise ein neuer Aufwärtstrend eingesetzt

Abbildung 4. Ein Zack zeigt einen potenziellen Abwärtstrend

1 = vorheriger Abwärtstrend

2 = letztes Tief

3 = reaktionäres Hoch auf das letzte Tief

4 = sobald der neue Tiefpunkt bei Punkt 2 nach unten durchbrochen wird, könnte ein neuer Abwärtstrend eingesetzt haben

„Ich denke, was Sie aus dem heutigen Gespräch mitnehmen sollten, ist, dass ein Spekulant zunächst die Entwicklung des Marktes und der Aktien beobachten wird. Nach der Beobachtung wird er interpretieren, was er gesehen hat und sobald er die Entwicklung des Marktes und der Aktie interpretiert hat, wird er einen Trade platzieren. Er wird seine Trades jedoch immer unter der Absicherung vor Verlusten und der Annahme ausführen, dass seine Interpretation falsch sein könnte. Er wird seinen zweiten Trade erst dann ausführen, wenn sein erster Handel ihm beweist, dass seine Interpretation richtig war. Von da an basiert jede nachfolgende Aktion vollständig auf dem Ergebnis der vorherigen Marktbewegung. Natürlich gibt ein gewisses Maß an Subjektivität bei dem, was der Spekulant interpretiert, doch wie ich schon sagte, ist dies eine Kunst und keine Wissenschaft. Sobald der Spekulant die Entwicklung des Marktes und der Aktie interpretiert hat, platziert er einen Trade. Falls Sie es noch nicht wussten: Der Begriff 'Spekulation' stammt von dem Lateinischen Wort 'speculari', was so viel wie beobachten oder spionieren bedeutet. Die Beobachtung und Interpretation der Bewegungen sind die grundlegenden Schritte. Wir werden alles Schritt für Schritt abhandeln, aber für heute muss ich an diesem Punkt aufhören, denn ich bin ein wenig müde."

Und damit stand er auf, um sich zu verabschieden. Zur Veranschaulichung seiner Ausführungen über Aufwärts- und Abwärtstrends und die Zicks und Zacks hatte er unbewusst ein paar Linien auf ein Blatt Papier gezeichnet. Ich nahm das Blatt Papier mit seinen Illustrationen an mich und legte es auf meinen Notizblock. Ich wollte die Marktvorgänge aus Boyds Sicht sehen und war sehr darauf bedacht, mir äußerst detaillierte Notizen zu machen.

Zusammenfassung:

Spekulieren ist eine Form der Kunst und umfasst drei Schritte. Beobachtung, Interpretation und Aktion. Der Spekulant beobachtet zunächst den Markt und die relevanten Aktien, um Hinweise zu erhalten. Dann interpretiert er die beobachteten Ereignisse. Sobald seine Interpretation ihn zu der Überzeugung führt, dass die Gewinnchancen mindestens gleich oder besser sind als die Verlustchancen, wird er aktiv. Ein Spekulant wird immer nach Signalen des Marktes und nicht nach solchen anderer Menschen suchen. Ein erfolgreicher Spekulant führt seine Aktionen auf der Grundlage von Wahrscheinlichkeiten aus und sein zweiter Schritt basiert auf der Erfolgsgrundlage des ersten Schritts. Der dritte Schritt basiert auf dem Erfolg des zweiten Schritts und so setzt sich der Ablauf fort.

KAPITEL 3

DIE OBERSTE DEVISE LAUTET: VERBRENNE DICH NICHT

In der modernen Version des hippokratischen Eids ist eine Zeile verankert, die besagt: „Ich werde Krankheiten vorbeugen, wann immer ich kann, denn vorbeugen ist besser als heilen."

Besser kann man die Regel „Verbrenne dich nicht" kaum erklären. Boyd nennt es sein Mantra. An diesem Morgen war er etwas optimistischer. Es war wieder einmal ein herrlicher Wintermorgen in Arizona und seine Fröhlichkeit schien auf mich abzufärben, denn ich hatte während der Lektionen an diesem Morgen ein breites Lächeln im Gesicht.

Bevor wir unsere Gespräche an diesem Morgen fortsetzten, sagte Boyd, dass er einen Haftungsausschluss festlegen wolle und bemerkte: „Was ich hier darlege, ist etwas, das für mich funktioniert hat. Ich kann jedoch nicht garantieren, dass es bei jedem funktioniert. Dies ist die einzige Methode, die ich gefunden habe und die für mich auch funktioniert. Meine Methode ist der freien Demokratie sehr ähnlich - ein lausiges System, aber mit Sicherheit besser als alle anderen Systeme, die ich gesehen und bisher ausprobiert habe. Das Schöne an meiner Form des Tradings ist, dass sie mich in schlechten Marktstimmungen vor Problemen bewahrt und mir in Bullenmärkten die besten Chancen auf große Gewinne bietet. Ich habe zudem alles auf einen systematischen Ansatz reduziert, bei dem ich nicht versuchen muss, zerebral und intellektuell daherzureden und werde auch nicht gebeten, komplizierte Formeln oder Methoden zu entschlüsseln. Alles ist schlicht und einfach gehalten, und zwar aus dem einzigen Grund - weil ich ein einfacher Mensch bin. Ich hasse Umständliches, denn für mich muss alles mit gesundem Menschenverstand nachvollziehbar sein."

„Spekulanten gibt es schon seit ewigen Zeiten. Seit es irgendeine Art von Markt für den freien Austausch von Waren, Dienstleistungen und irgendeiner Form von Währung gab, hat es auch Spekulanten gegeben. Keiner der frühen erfolgreichen Spekulanten musste sich jemals auf eine magische Formel verlassen, die ein Computer ausspuckte, oder neue mathematische Methoden erlernen. Im Grunde genommen ist erfolgreiche Spekulation seit diesen längst vergangenen Tagen unverändert geblieben. Es geht immer noch um die sorgfältige Beobachtung eines Markttrends, die klare Interpretation der beobachteten Ereignisse und das Handeln mit sorgfältigen Kapitalmanagementtechniken, um damit auf die besten Gewinnchancen zu setzen."

Ich fragte ihn, warum er dies einen Haftungsausschluss nannte. Seine Antwort lautete, dass Menschen seltsame Wesen sind. Sie sind nicht in der Lage, jahrelanges Lernen durch Übung in Kauf zu nehmen. Die Menschen wollen eine sofortige Antwort, um an den Märkten das große Geld zu machen. Die meisten Leute werden sich weigern, die notwendige Zeit, die Anstrengungen, die Energie und das Geld zu investieren, um eine erfolgreiche Spekulationsmethode zu erlernen und zu praktizieren. In dieser Hinsicht sind all diese Menschen ähnlich wie Teenager. Sie haben es so eilig, erwachsen zu werden, dass sie alle möglichen dummen Fehler machen. Wie man so schön sagt, ist die Jugend an die Jungen verschwendet. Ähnlich verhält es sich an den Märkten: Vorsicht und Besonnenheit ist für den Neuling gewissermaßen verschwendet.

Boyd fuhr fort: „Die Menschen werden niemals auf die Mahnungen zur Vorsicht von erfahrenen und erfolgreichen Spekulanten hören. Stattdessen werden sie blindlings einer reißerischen rallyeprognose folgen und glauben, was hypeverbreitende Schwätzer propagieren. Wenn jemand daherkommt und sagt, dass der Dow Jones Industrial bis 2007 die Marke von 20.000 Punkten erreichen wird, ist es nicht verwunderlich, dass ihm eine Menge Leser zujubeln. Und jedes Mal, wenn sich der Markt ein wenig erholt, muss er behaupten, dass dies der Beginn des Trends ist, der den Dow Jones Industrial bis auf 20.000 bringen wird. Ob der Dow Jones Industrial diese Marke erreicht oder nicht, ist unerheblich. Alles, was er tun muss, ist, bei jeder Rallye zu behaupten, dass dies der Beginn eines riesigen Bullenmarktes ist. Und die leichtgläubige Öffentlichkeit wird diese Pille schlucken, weil sie die vermeintlich große Chance nicht verpassen will. Wenn Sie jedoch das Offensichtliche und Wahre aussprechen, dass sich die Industriewerte in 2 Jahren verdoppeln müssten, damit der Dow von seinem aktuellen Stand auf 20.000 steigt, hören die meisten Leute weg."

„Die meisten Dienstleister da draußen erzählen der Öffentlichkeit das, was sie hören will. Denn wie viele von uns würden für einen Dienst bezahlen, um etwas zu hören, von dem wir glauben, dass es nicht eintreten wird? Wie viele würden dafür bezahlen, um Vorsicht und vielleicht sogar schlechte Nachrichten zu hören? Wenn der Leser auf der Suche nach Reichtum an die Börse kommt, hat er sich in seinem Kopf bereits eine

Meinung gebildet - nämlich die, dass der Markt Reichtum ermöglicht. Er hat bereits signalisiert, dass er über ungenutztes Kapital verfügt, das er nun einsetzen möchte, oder dass er es aufs Spiel setzen möchte. Sobald ein Mensch zu der Entscheidung gelangt ist, dass der Markt der Ort ist, an dem er gute Renditen erzielen kann, hat er seine offensichtliche Voreingenommenheit bestätigt, dass er glaubt, dass die Preise nach oben gehen werden. Der Versuch, ihn vom Gegenteil zu überzeugen, ist fragwürdig, denn das würde nur bedeuten, dass dieser stramm überzeugte Mensch erst einmal akzeptieren müsste, dass er sich geirrt hat. Und er müsste auch noch akzeptieren, dass er den vermeintlichen Reichtum, den er sich vorgestellt hatte, vergessen kann."

„Alle die schönen Träume und Pläne, die dieser Mensch bereits für den erhofften Wohlstand im Hinterkopf hatte, wären nun plötzlich für die Katz. Das ist für die Menschen eine bittere Pille. Psychologisch gesehen ist dies für einen Menschen fast unmöglich zu realisieren. Infolgedessen wird er aktiv nach Dienstleistungen suchen, die ihm versichern, dass seine Träume vom Reichtum am Markt realistisch sind."

Und er fuhr fort: „Stellen Sie sich vor, Sie hätten 100.000 Dollar auf der Bank liegen. Nehmen Sie an, dass es je nach Zinsumfeld 2-4% einbringt, dies sind sichere 2-4%, die eintrudeln. Dann sehen Sie jedoch, dass der am häufigsten beobachtete Aktienindex in einem Monat um 5% gestiegen ist. Und Sie stellen fest, dass einige Aktien in einem Monat um 10-30% gestiegen sind. Plötzlich hören Sie alle Experten von einem großen Bullenmarkt sprechen, der vor uns liegt. Plötzlich heißt es, die Wirtschaft laufe auf Hochtouren. Sie sehen und hören den ganzen Hype und die Aufregung in den Medien. Das Internet ist voll von Experten, die vor Ort sind. Jeder gibt seine Meinung über den Markt ab. Alles, was man hört, ist, dass der Markt durch die Decke gehen wird. Schließlich kommen noch ein paar großartige Gewinnmeldungen von einigen Unternehmen hinzu. Mit einem Mal fühlen Sie sich unzulänglich und kommen sich wie ein Narr vor, weil Sie eine jährliche Rendite von 2-4% akzeptiert haben. Sie denken sich, dass es schlichter Irrsinn wäre, sich eine so hohe Rendite entgehen zu lassen. Und so nimmt das Unausweichliche schließlich seinen lauf - das Desaster ist vorprogammiert."

„Wie Sie wissen, habe ich schon einige Marktzyklen mitgemacht. Ich habe direkt nach dem Crash von 1929 angefangen. Und, mein Lieber, mein Timing war furchtbar. Ich stieg 1929 kurz vor dem Höchststand ein und rauschte drei Jahre lang mit dem Fahrstuhl nach unten. Und als 1932 die reaktionäre Hausse begann, hatte ich kein Geld mehr. Erst 1936 hatte ich wieder etwas Geld verdient und zusammengespart und war erneut bereit für den Markteinstieg. Und raten Sie mal, was dann passierte? Der Bärenmarkt von 1936 bis 1940 erwischte mich. Als die frühen 1940er Jahre anbrachen, war ich am Boden zerstört, doch diese Lektionen, die ich damals gelernt habe, haben mir seither ein sehr angenehmes Leben beschert, denn ich habe nie wieder mehr als einen winzigen Teil dessen verloren, was ich an den Märkten verdient hatte. Ich war endlich in der Lage, große Summen an Profit aus dem Markt zu ziehen, ohne mehr als nur ein paar Cents pro Dollar zu verlieren. Doch erst nach den schweren Verlusten während der 30er Jahre habe ich meine Lektionen richtig gelernt. Ich kann Ihnen garantieren, dass niemand tiefgreifend lernt, wenn es nicht richtig wehtut. Und wenn dieser Fall eingetreten ist, gibt es nur einen von zwei Wegen. Die meisten werden sich abwenden und das Kapitel für immer schließen. Nur ein sehr kleiner Prozentsatz wird diese harten und schmerzhaften Lektionen, in den folgenden Zyklen zum eigenen Vorteil nutzen."

„Die wertvollste Lektion, die ich gelernt habe, lautet, mich auf mich selbst zu verlassen und nicht auf andere. Was ich beobachte, wie ich interpretiere und welche Maßnahmen ich allein auf der Grundlage meiner Interpretation ergreife, hat mir bewiesen, dass ich kein Unwissender in der Welt des Börsenhandels bin. Die Tücken des Marktes haben es seither nicht vermocht, mich in die Irre zu führen. Meine Interpretationen waren häufiger richtig als falsch. Und das war auch der Schlüssel zum Erfolg."

Ich habe Boyd daraufhin gefragt, wie genau er zu seiner Regel „sich nicht zu verbrennen" gekommen ist. Er gestand, dass die langen Jahre, die er brauchte, um seine Verluste wieder reinzuholen, ihn gelehrt haben, dass es Jahrzehnte dauern kann, bis man das, was man in einem Jahr verloren hat, zurückerkämpft hat. Wenn man solche verheerenden Verluste vermeiden kann, dann ist der Kampf von Anfang an so gut wie gewonnen. Zur Veranschaulichung startete er eine Beispielrechnung und sagte: „Nehmen wir unser Beispielkonto, auf dem sich $100.000 befinden, um am Markt zu spekulieren. Wenn das Konto ein Drittel seines Wertes verloren hat und auf $66.666 gesunken ist, muss man $33.333 zurückgewinnen, um die Gewinnschwelle zu erreichen. Das bedeutet, dass das Konto beim Stand von $66.666 nun einen Profit von $33.333, bzw. eine Rendite von 50% erwirtschaften muss, um die Gewinnschwelle zu erreichen."

„Können Sie sich vorstellen, wie schwer es ist nach einem Minus von 33%, aufzustehen, alle Fehler auszumerzen und obendrein einige großartige Schachzüge zu machen, um eine Rendite von 50% zu erzielen? In der Regel ist es sogar so, dass ein Spekulant, der in einem Jahr ein Drittel verloren hat, seine Lektion gelernt hat und im folgenden Jahr dennoch erneut Verlust erwirtschaftet. Doch immerhin fallen die neuerlichen Verluste im zweiten Jahr wahrscheinlich geringer aus als die 33% Verlust im Vorjahr. Es ist ein Lernprozess. Man verliert sukzessive weniger, bis man schlussendlich beginnt, Geld zu verdienen. Und auch dann folgen meist erst einmal kleine Gewinne, bevor eine wirkliche attraktive Rendite eingefahren werden kann. Wie ich schon sagte, ist es ein stetiger Lernprozess und es dauert Jahre, bis man sich von derartig harten Schlägen erholt und ein ausgeglichenes Ergebnis erzielt hat. Nun zu einem anderen Szenario: Wenn man mit seinem Konto nur 5% verloren hat und der Depotwert von $100.000 auf $95.000 gefallen ist, muss man nur noch $5.000 Rendite erzielen, um sich zu erholen. Das entspricht einem Gewinn von etwas mehr als 5%, der benötigt wird, um Plus-Minus-Null zu kommen. Wenn es Ihnen also gelingt, signifikante Verluste zu vermeiden, können Sie sich jahrelange Qualen, harte Arbeit, Schmerzen und viele schlaflose Nächte ersparen. Nicht zu verlieren ist gleichbedeutend mit vielen Jahren des schmerzhaften Lernens an den Märkten."

„Die meisten Neueinsteiger werden zu Beginn Verlust machen. Damit meine ich nicht, dass ihr erster Trade ein Verlustgeschäft ist. Ich beziehe mich damit auf einen kompletten Zyklus. Ein kompletter Zyklus bedeutet einen kompletten Aufwärts- und einen kompletten Abwärtstrendzyklus. Die meisten Leute werden nach ihrem ersten vollständigen Zyklus im Minus landen, vorausgesetzt, sie konnten sich über die gesamte Dauer wenigstens über Wasser halten oder liquide bleiben. Viele verlieren gar signifikant, bevor sie einen vollständigen Zyklus komplett durchlaufen haben. Der eine oder andere Neuling, der anfangs viel gewinnt, hat am Ende eines Marktzyklus alles und noch mehr wieder zurückgegeben."

„Nach ein oder zwei Zyklen werden diejenigen, die standhaft sind und den Mut haben, den Markt akribisch zu studieren und - was noch wichtiger ist - die Funktionsweise des Marktes zu verstehen, lernen, erste kleine Profite zu erzielen. Mit der Zeit und weitererr Erfahrung, Studium und Disziplin wird ein solcher Marktteilnehmer schließlich zum erfolgreichen Spekulanten. Investiert er stetig noch mehr Zeit, sammelt Erfahrung, zeigt Disziplin und Geduld, erreicht dieser Spekulant das Niveau eines Meisterspekulanten. Nach all den Jahren des Lernens versteht ein Meisterspekulant die Schlichtheit wie auch die Komplexität des Marktes. Er lernt, seinen Plan schnörkellos zu halten und er akzeptiert, dass der Markt vielschichtigen Variablen unterliegt."

Ich habe Boyd an dieser Stelle ein paar einfache Fragen gestellt und sagte: „Wissen Sie, meine Erfahrungen mit der Öffentlichkeit sind gemischter Natur. Entweder sie lieben meine Offenheit oder sie hassen sie. Es gibt keinen Mittelweg. Ich habe festgestellt, dass sie es entweder verstehen oder eben nicht, sobald ich die Mechanismen des Marktes vereinfache und in Form von Gewinnwahrscheinlichkeiten vermittle. Auch hier gibt es keinen Mittelweg. Wie bringen Sie Ihre Meinung über den Markt zum Ausdruck, ohne bei Ihren Lesern Emotionen zu verursachen?"

Boyd lächelte. Wie ich schon feststellte, war er an diesem Morgen in einer fröhlicheren Stimmung. Er nippte an seinem Kaffee, dachte einen Moment nach und antwortete: „Ich weiß genau, was Sie meinen. Ich habe seit den 1930er Jahren immer wieder Zyklen von Euphorie und Depression erlebt. Und der Umgang mit den Märkten ist genauso wie der Umgang mit Menschen, denn der Markt ist nun mal nichts anderes als Menschen, die sich gegenseitig Aktien abkaufen und verkaufen. Er ist die Summe aller Arten von Menschen, die miteinander interagieren. Die Beobachtung des Marktes ist nichts anderes als die Beobachtung von Menschen. Der Nachteil für mich ist, dass ich kein großer Menschenfreund bin."

„Ich bin jedoch mit der Gabe gesegnet, den Markt korrekt zu beobachten und zu interpretieren. Nun, nicht ganz. Ich habe lediglich häufiger Recht als Unrecht und ich gehe immer mit dem vollen Bewusstsein an den Markt heran, dass ich mit meiner Interpretation der Marktrichtung falsch liegen könnte. Die Tatsache, dass ich nicht immer richtig liege, zeigt mir, dass smarte Investoren oder die klügsten Leute nicht immer mit mir übereinstimmen. Das ist in etwa dasselbe, was Sie sagten, als Sie andeuteten, dass die Leute Ihre Artikel entweder lieben oder hassen. Das ist es, was den Markt ausmacht. Sie haben entweder Recht oder Unrecht. Wenn Sie Recht haben, werden die Leute, die im Unrecht sind, zwangsläufig von Ihnen abweichen. Wenn Sie jedoch falsch liegen, werden die Leute, die Recht behalten, sich naturgemäß auch hier von Ihnen unterscheiden. Daher sollte es Sie nicht überraschen, wie gut oder schlecht Ihre Texte ankommen."

„Käufer und Verkäufer kommen zusammen, um den Preis einer Aktie festzulegen. Die Käufer kaufen, weil sie an höhere Preise glauben. Die Verkäufer verkaufen, weil sie mit niedrigeren Preisen rechnen. Es ist klar, dass nur eine Gruppe Recht behalten kann. Es ist nicht möglich, dass Käufer und Verkäufer über einen längeren Zeitraum hinweg gleichzeitig richtig liegen. Wenn die Käufer Recht haben, werden die Preise steigen. Wenn die Verkäufer Recht haben, werden die Preise sinken. Der Markt ist so gesehen sehr einfach. Wir Menschen machen ihn nur komplizierter, indem wir versuchen, ein System zu finden, mit dem wir den Markt schlagen können. Wenn wir uns stattdessen darauf konzentrieren, mit dem Markt im Einklang zu sein, wird das Leben viel einfacher."

„Wir versuchen immer, eine magische Antwort zu finden, um den Topf voll Gold am Ende des Regenbogens zu finden. Und wir versuchen, jeden Tag in der Woche einen Regenbogen zu finden, jede Woche im Jahr, Jahr für Jahr auf Neue. Wir vergessen dabei, dass es nicht jeden Tag der Woche einen Regenbogen geben kann. Die Maschinerie der Wall Street, bestehend aus Tippgebern, bullischen Newslettern, Brokern, Gerüchtestreuern, Insidern, Agenten der Insider und anderen, arbeitet einzeln und auch im Verbund daran, uns zu überzeugen, dass es jeden Tag einen Topf voll Gold zu finden gibt. Man muss geduldig warten, bis sich solche Regenbögen entwickeln. Das erfordert Geduld und die Fähigkeit, zu beobachten und nichts zu tun."

„Das ist so ziemlich die schwierigste Lektion, die man lernen kann - nämlich abzuwarten und nichts zu tun. Auf die richtigen Bedingungen und die Bestätigung verbesserter Gewinnwahrscheinlichkeiten zu warten, ist für die große Mehrheit der Marktteilnehmer nicht möglich. Die Wall Street würde aufhören zu existieren, wenn alle Leute beschließen würden, nicht zu kaufen und einfach abzuwarten und auf bessere Gelegenheiten zu warten. Das wäre das Ende der Wall Street. So etwas kann für die hochmoderne Maschinerie des reinen, unverfälschten Kapitalismus nicht akzeptabel sein. Die Maschinerie wird weiterhin jede Menge nutzloser Informationen, Fake-News, Desinformationen, Hype und Gerüchte verbreiten, um unabhängig von den vorherrschenden Bedingungen einen kontinuierlichen Strom von Käufern anzulocken. Jeden Tag wird ein Verkauf angeboten. Es gibt keinen einzigen Broker, der zu irgendeinem Zeitpunkt zu jemandem die berühmten, aber im Brokerjargon nicht existierenden Worte sagen würde: 'Kaufen Sie heute nicht! Warten Sie auf einen besseren Tag!' Solche Aussagen gibt es im Vokabular der Wall Street nicht."

Ich war nicht überrascht, dass Boyd die Dinge auf so einzigartige Weise erklären konnte. Er hatte einfach diese Gabe. Also beschloss ich, der Sache weiter nachzugehen und hakte nach: „Ich weiß, dass ich mich nicht darum kümmern muss, Ihre Leser aufzuklären. Sie sind versierte Spekulanten, wie Sie, die schon eine Weile dabei sind und das Spiel gut kennen. Was, wenn überhaupt, würden Sie mir vorschlagen, damit ich nicht den Überblick verliere? Ich kenne mich mit den Fallstricken des Marktes nicht so gut aus wie Sie. Welche konkreten Gedanken können Sie mir auf der grundsätzlichen Ebene und in Bezug auf die Regel "erst einmal abwarten" mit auf den Weg geben? Sie kennen mich gut und vielleicht gibt es etwas, das Sie ergänzend erläutern können, um mir zu mehr Disziplin zu verhelfen.

Er dachte kurz nach und sagte dann: „Ich denke, Sie sind schon ziemlich diszipliniert, so wie Sie vorgehen. Das Einzige, was ich noch bemerken kann, ist, dass Sie sich vor Augen halten müssen, dass die Börse nichts anderes als ein Spiel, ähnlich einer Schatzsuche ist. Wenn Sie sich das wiederholt vor Augen halten können, werden Sie sich konzentrieren und sich nicht ablenken lassen. Ich habe die Metapher der Schatzsuche zum ersten Mal verwendet, um meiner Tochter den Markt zu erklären, als sie noch ein kleines Mädchen war. Ich habe festgestellt, dass sie sich bis heute an diese Erklärung erinnert und die Funktionsweise des Marktes in einem Alter begreifen konnte, in dem die meisten nicht einmal wissen, was ein Trend ist."

„Der Markt ist wie ein Spiel auf der Jagd nach dem Schatz. Alle Spieler erhalten eine Reihe von Hinweisen und zufälligerweise sind die Hinweise, die allen Spielern angeboten werden, die gleichen. Wenn die ersten Hinweise richtig entschlüsselt werden, führen die Erkenntnisse daraus den Teilnehmer zu einer zweiten Ansammlung von Hinweisen an einer Art Wegmarkierung. Wenn auch die weiteren Hinweise korrekt interpretiert werden, kann der Teilnehmer zur zweiten Wegmarkierung gelangen, wo neuerliche Hinweise zur Verfügung stehen. Ein Teilnehmer, der bei der Hinweisinterpretation ein glückliches Händchen beweist, wird also von einem Etappenziel zum nächsten gelangen, bis er den Schatz erreicht. Wie schnell und treffend man die Hinweise entschlüsseln kann, entscheidet darüber, wer den Schatz bekommt. Unter den zur Verfügung stehenden Hinweisen befinden sich jedoch auch Ablenkungsmanöver und falsche Fährten, die die Spieler in die Irre führen sollen. Und auch hier gilt erneut, dass die Spieler, die diese irreführenden Hinweise als Ablenkungsmanöver erkennen, die besten Chancen haben, den Schatz zu finden."

„Unter den Spielern wird es immer eine sehr kleine Gruppe von wirklich extrem klugen Teilnehmern geben, die keine Schwierigkeiten haben, die Hinweise richtig zu entziffern. Sie werden jeden einzelnen Hinweis auf dem Weg zum Schatz richtig interpretieren und gleichzeitig in der Lage sein, die irreführenden Hinweise zu ignorieren. Diese schlauen Leute werden diejenigen sein, die den Schatz als erste erreichen. Man bezeichnet diese Leute auch als 'smart Money'. Und dann gibt es da noch eine sehr kleine Gruppe von Spielern, welche immerhin die meisten Hinweise richtig entschlüsseln. Falls sie einmal nicht in der Lage sind, die kniffligen Hinweise oder die irreführenden Hinweise zu deuten, dann folgen sie einfach dem 'smart Money' der ersten Gruppe, das alles richtig macht. Da diese zweite Gruppe der ersten folgt, wird diese versuchen, seine Verfolger in die Irre zu führen, indem Fake-Ausbrüche und Fake-Einbrüche inszeniert werden. Die Schatztruhe ist groß und es gibt genug für die meisten, die es zu einem halbwegs frühen Zeitpunkt ans Ziel schaffen. Viele werden aber nie dort ankommen und Andere werden es spät erreichen. Das 'smart Money' kommt natürlich zuerst an und viele Leute aus der Verfolgergruppe schaffen es ebenso, wenn auch etwas später."

„An der Börse ist es nicht anders. Das 'smart Money' erkennt den Trend zuerst und handelt danach, anschließend wird die kleine Gruppe von Verfolgern erfolgreich nachkommen und den Trend als nächstes erkennen. Die meisten anderen werden den lukrativsten Teil des Trends verpassen. Viele werden zu spät zur Party kommen und nur für die Schlägereien da sein, die am Ende einer langen Party zwangsläufig entstehen."

„Das größte Problem am Markt ist die Notwendigkeit, auf eine

Trendbestätigung zu warten. Der häufigste und teuerste Fehler ist es, bei jeder ersten Andeutung einer Rallye aufzuspringen. In dem Gedränge, der erste zu sein, der einen Trend erkennt, werden viele zerquetscht. Es sind die Geduldigen, welche die zahlreichen Fehlstarts abwarten und fit wie ein Turnschuh sind, wenn der tatsächliche Trend einsetzt. Bei dem Versuch, einen Trend als Erster zu erkennen und aufzuspringen, ist schon reichlich Kapital verloren gegangen."

„Was mich zu Ihnen hingezogen hat, ist die Tatsache, dass Sie den Mut haben, abzuwarten und nicht auf jede Falle und Versuchung, die uns der Markt stellt, anzuspringen. Das ist eine verlorene Kunst und nur wenige von uns alten Hasen sind noch übrig, um die jungen Leute an die Tücken des Marktes zu erinnern. Jeder behauptet, dass dies eine neue Marktlage ist und daher auch neue Strategien und neue Modelle besser geeignet sind. Ich habe vergessen, wie oft ich das seit meinen Teenager-jahren schon gehört habe. Jeder Marktzyklus bringt diese neuen Strategien mit sich, die angeblich in der Lage sind, den neuen, veränderten Markt zu schlagen. Aber der Markt ändert sich nie, weil sich die menschlichen Ge-fühle nie ändern, wenn es um Geld geht. Es gibt absolut nichts Neues auf dem Markt. Jeder Trick und jedes System wurde in der einen oder anderen Form schon einmal ausprobiert."

„Ich bin sogar noch fester davon überzeugt, dass Sie gut zu meinen Lesern passen, da Sie die Dinge beim Namen nennen, ohne ein Blatt vor den Mund zu nehmen. Es spielt keine Rolle, ob meine Leser mit etwas übereinstimmen oder nicht. Was diese Menschen wollen, ist eine ehrliche und offene Interpretation dessen, was Sie auf dem Markt beobachten. Was sie sich wünschen, ist die Sicht eines Spekulanten auf den Markt. Sie kön-nen sich selbst davon überzeugen, ob Ihre Interpretation richtig oder falsch ist, indem sie ihre eigenen Testkäufe oder Testverkäufe platzieren und sobald sie mit ihren ersten Positionen Geld verdienen, liefert der Markt den Nachweis, dass die genannte Interpretation korrekt war."

Wir diskutierten weiter über einige Marktmechanismen, doch Boyd beendete die Diskussion für diesen Morgen kurz darauf. Und so schnappte ich mir meine Notizen und machte mich auf den Heimweg. Dieser Morgen markierte den Beginn von ein paar langen, aber äußerst lohnenden Tagen für mich.

Zusammenfassung:

Die oberste Prämisse besteht darin, keine Verluste zu erleiden. Versuche nicht, der Erste zu sein, der auf einen Trend aufspringt, denn die meisten Frühindikatoren sind falsch. Warte auf bestätigende Signale, bevor du etwas unternimmst und erinnere dich dabei stetsan die Metapher der Schatzsuche.

Kapitel 4

IM ZWEIFELSFALL NICHTS TUN

Ich hatte begonnen, täglich alle Regeln und Lektionen des Meisterspekulanten in meinem Tagebuch aufzuschreiben. Sobald ich von meinen Frühstückstreffen mit Boyd nach Hause kam, holte ich sofort meine Notizen hervor und begann, sie auf meinem Laptop abzutippen. Ich wusste, wenn ich die Notizen nicht auf meinen Computer übertrug, würde ich bald nicht mehr nicht in der Lage sein, meine krakeligen Aufzeichnungen, die ich eilig notiert hatte, während Boyd sprach, vollständig zu verstehen. Ich befürchtete, dass mein kurzes Gedächtnis die wichtigen Informationen, die ich erhalten hatte, verlieren würde, falls ich sie nicht schnell geordnet abtippen würde.

Ich war mir dessen bewusst, dass einiges dessen, was ich aufgeschrieben hatte, für viele Leute wahrscheinlich keinen Sinn ergeben würde. Schließlich hatte die Marktmaschinerie der Öffentlichkeit eine Gehirnwäsche verpasst, damit sie nach billigen Aktien, einfachem Profit, schnellen

Gewinnen, Abkürzungen und dem Gefühl der Überlegenheit sucht. Und das Geniale an dieser Marketing-Maschinerie war, dass sie dem Anfänger oder sogar dem selbsternannten Profi suggerierte, er sei sehr klug. Und weil er so klug ist, bucht er allerlei Kurse bei den selbsternannten Börsengurus, um von deren innovativen mathematischen Modellen zu profitieren. Dabei wird man von der Idee überzeugt, dass die Fähigkeit, lange Wörter und intelligent klingenden Jargon zu verwenden, dem Leichtgläubigen irgendwie helfen würde, den Markt zu schlagen. Wir Menschen glauben alle nur zu gerne, dass wir schlauer sind als die Masse.

Das Genie der Marketing-Maschine besteht darin, unser Bedürfnis zu befriedigen, uns schlau zu fühlen. Sobald wir erst einmal davon überzeugt sind, dass wir schlauer sind als der Durchschnittsbürger, weil wir uns mit dem technischen Hokuspokus so gut auskennen, befinden wir uns angeblich auf dem Weg zum Reichtum. Auf diesem langen Weg ins Nirgendwo werden uns natürlich noch mehr hochmoderne Tools verkauft, die dazu beitragen sollen, den Markt noch effektiver zu schlagen. Und wie Schweine, die zur Schlachtbank geführt werden, fallen wir blindlings auf die ausgeklügelten Verkaufsstrategien herein. Der Durchschnittstyp, der ohne jegliche Erfahrung oder Kenntnisse der riesigen Wall Street-Maschinerie an den Markt kommt, hat keine Chance.

Ich wusste, dass ich kein Einstein war, doch ich hatte durch meine eigenen jahrelangen Erfahrungen an den Märkten, sowohl bei Aktien als auch bei Rohstoffen, gelernt, dass ich clever genug war, um das Spiel zu verstehen. Ich hatte das große Ganze und die allgemeine Funktionsweise des Marktes erkannt. Ich wusste nun, dass der Markt immer Recht hatte. Und ich hatte gelernt, dass ich, gerade weil der Markt immer Recht hat, nichts anderes brauchte, als meine Fähigkeit, das Marktgeschehen zu beobachten und es dann zu interpretieren. Ich war so unbewusst zum Spekulanten geworden. Ich hatte nicht einmal mitbekommen, wann diese Transformation eigentlich stattgefunden hatte. Sie hatte sich wohl langsam über viele Jahre nach etlichen Verlusten vollzogen. Erst als Boyd definiert hatte, was ein Spekulant ist, erkannte ich, dass ich einer war. Wie man so schön sagt: „Es braucht einen, um einen zu erkennen".

Ich hatte nun einen Punkt erreicht, an dem ich extrem wählerisch war, wann ich in den Markt einstieg. Ich konnte monatelang warten, ohne dass ich einen Trade platzierte. Die Anrufe von Brokern, Tippgebern und Gerüchtemachern, die mir das nächste große Ding seit Cisco, Home Depot oder Taser aufschwatzen wollten, konnte ich nun leicht ignorieren. Ich konnte all diese großartigen Gelegenheiten ohne mit der Wimper zu zucken auslassen, damit all die armen Seelen da draußen das große Geld damit machen konnten. Ich war nun viel mehr daran interessiert, nicht zu verlieren. Es machte mir nichts aus, eine Aktiengelegenheit zu verpassen, die ich von vornherein nicht gekauft hätte. Wie kann ich etwas verlieren, das ich gar nicht habe? Andererseits würde es mich wurmen, mit einer Aktie auf die Nase zu fallen, die ich kaufen musste. Da ich aber nur kaufte, wenn ich keinen Grund fand, nicht zu kaufen, führte das automatisch zu maximaler Vorsicht.

Dies führt direkt zur zweiten Lektion, die Boyd in dieser Woche behandelte. Er nannte sie einfach: „Im Zweifelsfall nichts tun". Das klang simpel genug und doch hatte es mich verlustreiche Jahre gekostet, um diese Lektion zu lernen. Aus Boyds Tradingaufzeichnungen erfuhr ich, dass auch er diese entscheidende Lektion erst nach einem Jahrzehnt der Verluste während der 30er verinnerlicht hatte.

Es gibt mehr nutzlose und unwichtige Informationen am Markt als solche, die von Nutzen sind. Der Markt ist gespickt mit Ablenkungsmanövern und wie wir wissen, werden Ablenkungsmanöver eingesetzt, um

Jäger zu verwirren, indem man sie von der Hauptfährte ablenkt. Es gibt kein anderes Unterfangen auf diesem Planeten, bei dem es mehr nutzlose, falsche und irreführende Informationen gibt als bei der Jagd nach dem Reichtum an der Börse, doch das wissen die meisten Menschen natürlich nicht, denn wie bereits erwähnt, halten wir uns alle gerne für überlegen. Wir sind alle ganz besonders clever und natürlich viel schlauer als der Markt. Dieses Gefühl, mehr zu wissen als der Durchschnittstyp, wird von der Maschinerie ununterbrochen befeuert und wir beginnen, fest daran zu glauben.

Ich fragte Boyd: „Ich höre immer wieder, dass es nicht möglich ist, den Markt zu timen und dass man über Jahre hinweg voll investiert sein muss, um von den Vorteilen des Aktienmarktes zu profitieren. Was halten Sie davon?"

Er antwortete: „Es fällt mir schwer, solchen Unsinn zu akzeptieren. Wenn ich über die Zyklen der Bullen- und Bärenmärkte hinweg an Aktien festgehalten hätte, hätte ich das unglaubliche Glück gehabt, nach jahrzehntelanger Vollinvestition gerade noch so davonzukommen. Die Maschinerie will, dass das gemeine Volk durch Bullen- und Bärenmärkte hindurch immer weiter kauft, denn die Maschinerie existiert eben nur, um Assets zu verkaufen. Falls sich keine Käufer finden ließen, würde diese Maschinerie aufhören zu existieren, und das ist nicht akzeptabel. Daher auch die Gehirnwäsche, dass der Markt nicht getimed werden kann."

„Es ist zwar unmöglich, den absoluten Tiefpunkt und den absoluten Höhepunkt eines relevanten Trends zu bestimmen, aber ich kann definitiv die Hauptbewegung eines relevanten Trends erwischen. Während solcher bedeutender Trends verbessern sich die Gewinnchancen erheblich und meine Testkäufe zeigen mir, wann genau sich diese Chancen verbessern. Sobald ich weiß, dass die Wahrscheinlichkeiten vielversprechend sind, kann ich ernsthaft und bewusst größere Engagements auf dem Markt eingehen. Ich bewege meine Take-Profits entlang eines Aufwärtstrends und damit entlang des Preises nach oben. Wenn die Chancen auf eine Fortsetzung des Trends abnehmen, werden meine Orders ausgelöst und meine position geschlossen. Normalerweise sinken die Profitwahrscheinlichkeiten schon vor dem Ende der Trendbewegung. Auch wenn ich nicht in der Lage bin, die Spitze zu erwischen, bin ich mit dem mittleren Teil einer bedeutenden Bewegung zufrieden. Nur weil die große Mehrheit das nicht schafft, heißt das nicht, dass es nicht möglich ist. Es erfordert jedoch Disziplin und einen systematischen Ansatz."

„Ein weiterer wichtiger Punkt ist, sich daran zu erinnern, was wir alten Hasen sagen - lass den Wunsch nicht zum Vater des Gedankens werden! Nur weil man sich wünscht, dass der Markt steigt, sollte man nicht denken, dass der Markt tatsächlich steigt. Sieh nicht, was nicht da ist. Suche nach bestätigenden Signalen. Falls es diese nicht gibt oder Zweifel am Trend bestehen, dann unternimm nichts. Der Markt ist unübertroffen darin, falsche Fährten zu legen. Solange ich nicht erkennen kann, dass der Trend sowohl von den Indizes als auch von den führenden Wachstumswerten bestätigt wird, fällt es mir schwer, über meine testweise platzierten Orders hinaus einzusteigen. Ich kann meine Signale nur von den Indizes in Verbindung mit führenden Aktien beziehen und wenn das nicht der Fall ist, muss ich davon ausgehen, dass dies keine nachhaltige Aufwärtsbewegung ist."

Zusammenfassung:

Der Wunsch darf nicht der Vater des Gedankens werden. Versuche nicht, etwas zu sehen, was nicht existiert. Die Tatsache, dass du über freie Mittel verfügst, die du einsetzen kannst, bedeutet nicht, dass der Markt bereit ist, dir Profite zu ermöglichen.

KAPITEL 5

WIE MAN RICHTIG SPEKULIERT

Die Spekulation besteht aus drei Komponenten. Beobachtung, Interpretation und Aktion. Die Art und Weise, wie Boyd jedes einzelne Segment abdeckte, war so einfach, dass es kaum zu begreifen war, warum die meisten Leute dabei nicht ebenso erfolgreich sein können. Dieser Gedanke verflog jedoch schnell, als ich erkannte, dass die menschlichen Schwächen, die wir alle haben, die Ursache für über 90% unserer Verluste auf dem Markt sind.

Bei der Beobachtung geht es darum, einige der grundlegenden Vorgänge auf dem Markt zu beobachten. Die Grundlagen laufen darauf hinaus, nach Anzeichen für einen Trendwechsel oder veränderte Bedingungen Ausschau zu halten. Wenn man nicht aktiv investiert ist, wartet man also darauf einzusteigen. Wie stellt man nun fest, dass sich die Bedingungen geändert haben und es an der Zeit ist, einzusteigen? Zunächst einmal müssen wir immer von dem Punkt ausgehen, an dem man nicht investiert ist. Niemand strebt in die Arena, wenn er bereits seine Pferde im Rennen hat. Abgesehen von einigen wenigen Glücklichen, die ein Depot erben, kommen die meisten von uns aus eigenem Antrieb an den Markt. Sobald wir dies tun, haben wir den ersten Schritt gemacht und ein Handelskonto bei einem Broker eingerichtet.

Bevor wir unsere erste Entscheidung für oder gegen einen Kauf treffen, müssen wir uns einige grundlegende Fragen stellen. Zu diesen Fragen gehören: Welche Art von Konto haben wir? Ist es ein Margin-Konto? Falls ja, ab wann wird auf dem Konto eine Marge für den Kauf verwendet? Wird das Konto von Anfang an mit einer Marge geführt? Oder können wir entscheiden, für welche Ausführungen Margin-Mittel verwendet werden können? Das ist immens wichtig, denn wir können nicht von Anfang an auf Leerverkäufe setzen. Wenn Sie nicht in der Lage sind, den Umgang mit damit zu erlernen, kann diese Art der Kreditaufnahme (Leerverkäufe sind vom Broker geliehene Mittel) Ihr Handelskonto auf einen Schlag ruinieren. Aus praktischer Sicht sollte diese Handelsform erst dann eingesetzt werden, wenn man die zusätzlich entstehenden Verluste akzeptieren und mit ihnen leben kann. Um mehr über die Margin-Regeln zu erfahren, sollten Sie zunächst ein paar Minuten mit Ihrem Broker sprechen, bevor Sie überhaupt an die Eröffnung eines Kontos denken.

Es ist am besten, ein Konto zu eröffnen, bei dem der Kontoinhaber die volle Befugnis hat, festzulegen, für welche Geschäfte Margin-Gelder verwendet werden können. Einige Broker erlauben es dem Kontoinhaber nicht, zu bestimmen, welche Geschäfte via Margin laufen können. Anschließend wird jeder Trade auf diese Weise ausgeführt (sofern die Aktie leerverkaufsfähig ist). Das ist ein gefährliches Spiel, mit einem Broker zusammenzuarbeiten. Alle Entscheidungen über das Konto sollten ausschließlich vom Kontoinhaber selbst getroffen werden.

Nachdem Sie ein Handelskonto eingerichtet haben, ist es die Aufgabe des Brokers, uns jeden Service darzulegen, den er anbietet. Oft werden uns Sonderkonditionen angeboten, wenn wir häufiger handeln. Man bietet uns „intensive Analysen" und die „Prognosen der Experten". Man wird uns „Beratung" anbieten. Plötzlich ist die Menge an „Hilfe", die uns zur Verfügung steht, unvorstellbar. Wir sind jedermanns bester Freund und bekommen alles Mögliche „gratis".

Boyd betonte immer, dass er eine Distanz entwickeln musste, um nicht auf die Broker und die Marktinsider hören zu müssen. Um das zu erreichen, lehnte er jeden Input von irgendwelchen Insidern ab. Jeder, der nicht dazu imstande schien, den Tipp zu geben, einfach noch nicht einzusteigen und Cash zurückzuhalten, war ein solcher Insider. Das war ein einfach erkennbares Merkmal. Immer, wenn uns jemand nicht ins Gesicht sagen konnte: „Es gibt im Moment nichts Profitables, wir sollten auf bessere Bedingungen warten", sollten die Alarmlampen angehen. Die Wahrscheinlichkeit ist dann hoch, dass es einen gewissen Interessenkonflikt gibt. Boyd hatte ein einfaches System entwickelt, um sich von all dem Getöse fernzuhalten. Er sah nie fern, las nie Aktienberichte, hörte nie auf Bewertungen oder Analysten, achtete nicht darauf, was andere sagten und achtete nur auf führende Aktien und Marktindizes. Seine Meinung war, wie bereits erwähnt, „der Markt ist der Einzige, der immer Recht hat." Alle anderen liegen die meiste Zeit falsch und nur gelegentlich richtig. Ein Konto bei einem Broker einzurichten bedeutet nicht, dass man sofort handeln muss. Vielmehr sollte man damit beginnen, den Markt über einen gewissen Zeitraum zu beobachten. Die Beobachtung erfolgt am besten anhand von Charts. Manche Leute können mit Charts nichts anfangen, andere wiederum schwören auf Charts. Wie bei allen Dingen im Leben liegt der wahre Nutzen irgendwo zwischen den beiden Extremen. Die einzige

Bedeutung eines Charts besteht darin, dass er zeigt, wie sich der Markt und die Aktien in der jüngsten Vergangenheit entwickelt haben. Er hilft uns herauszufinden, ob sich die Indizes oder Aktien nach oben oder nach unten bewegen oder ob sie in einem Seitwärtstrend stecken. Die Beobachtung ist der erste Schritt einer jeden Spekulation. Um zu beobachten, wie die aktuellen Bedingungen sind, muss man sich die Charts betrachten, um zu sehen, wo die Indizes und Aktien vor Wochen, Monaten oder Jahren. Wenn auf den Tages- und Wochencharts etwas klar zu erkennen ist, ist die Wahrscheinlichkeit höher, dass das, was Sie zu beobachten glauben, auch real eintritt. Wenn etwas auf den Tages-, aber nicht auf den Wochencharts sichtbar ist, benötigen wir zusätzliche Daten, um herauszufinden, was vor sich geht. Solange irgendetwas unklar ist, gehen wir zwangsläufig davon aus, keine hinreichend positive Gewinnerwartung zu haben.

Um eine Trendwende zu verstehen, begann Boyd mit den einfachen Grundlagen. Ein Trend bleibt bestehen, bis er definitiv umgekehrt wird. Wenn beispielsweise ein Aufwärtstrend in Kraft ist, bleibt er bestehen, bis er durch bestätigende Zeichen umgekehrt wird. Ähnlich verhält es sich mit einem Abwärtstrend, der solange anhält, bis er durch bestätigende Anzeichen umgekehrt wird. Wenn ein trendloser Markt in Kraft ist, wird angenommen, dass er in Kraft bleibt, bis sich ein fester Trend mit bestätigenden Anzeichen etabliert hat.

Es braucht Zeit, bis ein nachhaltiger Trend etabliert ist. Und es benötigt ebenso Zeit, bis sich der Trend umkehrt. Alles auf dem Markt braucht seine Zeit. Lernen braucht Zeit. Gewinne zu erzielen braucht Zeit. Selbst große Verluste brauchen Zeit, weil der Markt gelegentlich kleine Brosamen als Gewinne ausschüttet, um die Angst zu nehmen und Hoffnung, Gier und übermäßiges Selbstvertrauen zu wecken. Der große Knockout kommt erst nach einigen kleinen, schmerzhaften, aber aushaltbaren Schlägen.

Um eine Trendwende zu statuieren, müssen ein paar grundlegende Bedingungen vorherrschen. Der Einfachheit halber nehmen wir an, dass wir dabei sind, eine Trendwende von einem bestehenden Abwärtstrend zu einem neuen, umgekehrten Aufwärtstrend zu beobachten. Wir wissen, dass ein Abwärtstrend aus einer Reihe von niedrigeren Hochs und niedrigeren Tiefs besteht. Das erste Anzeichen wäre also eine Erholung vom letzten Tiefstand. Es ist schwer auszumachen, ob eine Erholung von einem neuen Tief das erste Anzeichen eines neuen Aufwärtstrendes ist.

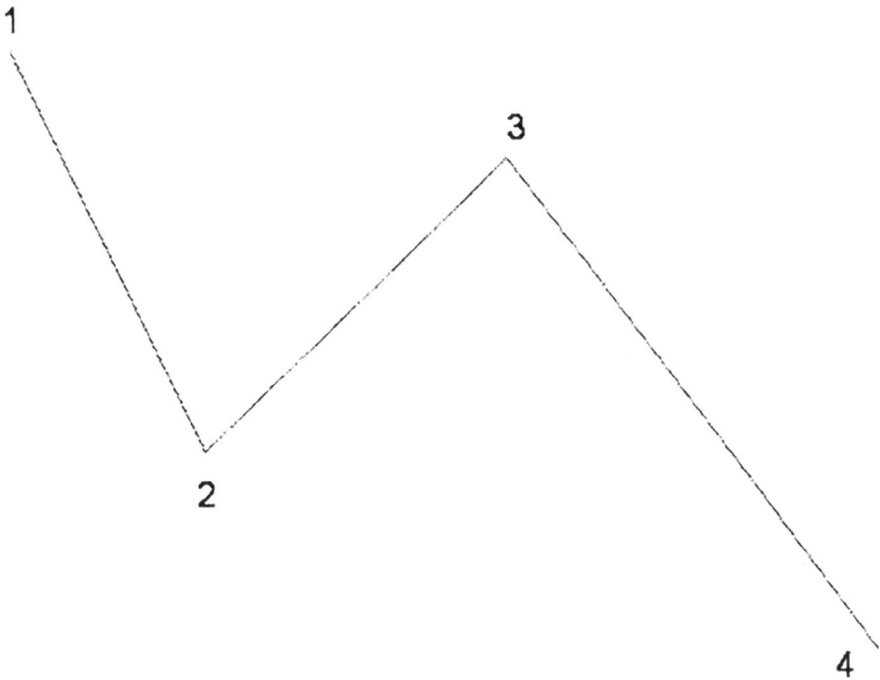

Abbildung 5a. Ein Markt im Abwärtstrend

1 = vorheriger Abwärtstrend

2 = jüngstes Tief

3 = Reaktionshoch auf das letzte Tief

4 = ein neues Tief

Abbildung 5b. Eine mögliche Trendwende kündigt sich evtl. an

1 = vorheriger Abwärtstrend

2 = jüngstes Tief

3 = Reaktionshoch auf das jüngste Tief

4 = ein neues niedrigeres Tief

5 = eine Rallye, ausgehend von Punkt 4

Offensichtlich handelt es sich bei Abbildung 5a um einen fallenden Markt. Gehen wir nun davon aus, dass Abbildung 5a möglicherweise kurz vor dem Ende eines Abwärtstrends steht. Wir haben bereits erörtert, dass nicht jede Rallye vom letzten Tiefpunkt aus einen Aufwärtstrend markiert. Und wir haben auch erörtert, dass man zwar nicht jede kleine Rallye als Beginn einer Trendwende interpretieren kann, aber den Markt mitsamt seiner Indikatoren für einen realen Trendwechsel beobachten muss. Lassen wir uns nun zu Abbildung 5b übergehen. Die Rallye vom Tiefpunkt bei Punkt 4 könnte der Beginn einer Trendwende sein, was aber noch nicht bewiesen ist. Nehmen wir an, dass dieser Index einige Tage nach dem Erreichen von Punkt 4 nun bei Punkt 5 in Abbildung 5b steht. Abgesehen davon, dass wir wissen, dass eine mehrtägige Aufwärtsbewegung stattgefunden hat, wissen wir zu diesem Zeitpunkt noch nicht viel mehr.

Da wir intensiv beobachten, achten wir zu diesem Zeitpunkt auf einzelne Aktien, die neue Höchststände erreichen, insbesondere neue Allzeithochs. Da die wahren Zugpferde in jeder bestätigten Aufwärtsbewegung die neuen Wachstumswerte sind, die neue Allzeithochs erreichen, müssen wir uns auf diese konzentrieren, um ein klares Bild zu erhalten.

In meinem Bericht über den Verlauf der Aktie von Taser, „Die perfekte Aktie", bin ich sehr ausführlich auf die Vorgehensweise der Insider des Mainstreams eingegangen, doch wie ich bereits erwähnt hatte, kam die Botschaft leider bei vielen Lesern nicht an. Die großen Bewegungen am Markt finden bei den neuen, jungen, innovativen Unternehmen mit großem Gewinnwachstumspotenzial und hohem erwarteten Gewinnwachstum statt. Die Aufwärtsbewegung der Aktie ist mehr oder weniger in vollem Gange, lange bevor die Gewinne tatsächlich in der Bilanz eines Unternehmens erscheinen. Oft erreicht eine Aktie ihren Höchststand nur unweit ihres maximalen Gewinnwachstums. Das liegt daran, dass der Markt vorausschauend investiert und alles Monate, wenn nicht sogar Jahre, im Voraus eingepreist wird.

Darüber hinaus hatte ich die Arbeitsweise der Investmentbanker und anderer Insidergruppen bei der Art und Weise, wie eine Aktie während eines bestätigten Aufwärtstrends nach oben bewegt wird, aufgezeigt. Auch hierbei ist die Botschaft nicht durchgedrungen. Wahrscheinlich lag das wieder einmal an meinen Unzulänglichkeiten als Autor. Die Quintessenz dieser Aussage bestand daraus, dass Insider große Aktienpakete halten, wenn die Aktie einer Firma an die Börse geht. Diese Leute können keine großen Mengen an Aktien vor einem Börsengang verkaufen. Infolgedessen muss die Aktie muss erst beworben werden, um höher im Kurs zu steigen, damit die Insider anschließend zu attraktiven Preisen verkaufen können. Sollten die Insider beginnen, eine große Anzahl von Aktien zu verkaufen, ohne dass zuvor eine hohe Kaufnachfrage geweckt wurde, gerät die Aktie leicht unter Druck. Dies drückt den Verkaufspreis und verringert die Wahrscheinlichkeit, dass sich ausreichend Käufer finden. Die Aktienkurse müssen zudem von den Insidern bearbeitet und auf und ab bewegt werden, um diese Wertpapiere auf eine große Gruppe von Aktionären verteilen zu können, damit nicht eine einzige Gruppe von Aktionären die Kontrolle über das Unternehmen erlangen kann. Dies ist ein langwieriger und mühsamer Prozess, der in der Regel Jahre in Anspruch nimmt. Festzuhalten bleibt, dass solche erfolgreichen Unterfangen selten vorkommen. Von all den unzähligen Börsengängen schaffen es nur wenige, attraktive Zahlen zu erzielen.

In der Regel vollzieht sich die signifikanteste Bewegung einer Trendaktie jedoch innerhalb eines relativ kurzen Zeitraums. Wenn eine solche Bewegung erst einmal begonnen hat, sorgen die Insider dafür, dass sie vollständig ausgespielt wird, noch bevor sich der Haupttrend des Gesamtmarktes ändert. In den meisten Fällen beginnt die wahre Bewegung einer Aktie, hält an und endet innerhalb eines Aufwärtszyklus des Indexes.

Der einzige Weg, um zu bestätigen, dass eine potenzielle Rallye einen echten Trendwechsel einleitet, besteht also darin, neue junge Wachstumsunternehmen zu beobachten, die neue Allzeithochs erreichen. Da wir mit Sicherheit wissen, dass die Insider eine Aktie nur während eines bestätigten Aufwärtszyklus zu ihrem Maximum pushen können, können wir mit Sicherheit annehmen, dass die Chancen sehr gering sind, dass ein neuer Aufwärtszyklus auf dem allgemeinen Markt andauern wird, ohne dass die begleitenden neuen jungen Wachstumsaktien einen nennenswerten Lauf verzeichnen.

An diesem Punkt der Diskussion teilte mir Boyd mit, dass er zunächst die grundlegenden Voraussetzungen des Gesamtmarktes über eine mögliche Trendwende erläutern möchte und dann in den folgenden Tagen die bestätigenden Anzeichen, die von einzelnen Aktien geliefert werden, behandeln wird. Er ergänzte, dass Einzelaktien den Beginn eines echten Primärtrends im allgemeinen Markt bestätigen werden, ebenso wie sie das Ende eines realen Aufwärtstrends im Gesamtmarkt verifizieren können. Er legte dar, dass führende Einzeltitel deshalb den Haupttrend des Marktes bestätigen werden. Die Einfachheit dieser Zusammenhänge sollte mir in den kommenden Tagen offensichtlich werden, meinte Boyd.

Bevor wir zu Abbildung 5c übergingen, wies mich Boyd darauf hin, dass die Abbildung 5b entscheidend sei. Er sagte, dass es essenziell sei, was man zwischen Punkt 4 und Punkt 5 herauslesen kann. Wenn es in diesem Segment eine Bestätigung durch einzelne Aktien gäbe, dann stiegen die Chancen, dass wir den Tiefpunkt des Marktes für die absehbare Zukunft hinter uns hätten. Er sagte jedoch auch, dass ich mich mit der Behandlung einzelner Aktien noch bis zum nächsten Tag gedulden müsse, da noch einige Aspekte bzgl. der allgemeinen Marktindizes zu berücksichtigen seien.

In Abbildung 5c hat Boyd die Abbildung 5b mit ein wenig mehr Informationen ergänzt. Von Punkt 4 aus stieg der Index bis zu Punkt 6 an. Nachdem er bei Punkt 6 ein kurzfristiges Hoch markiert hatte, fiel der Markt bis zu Punkt 7. Aber Punkt 7 markierte ein höheres Tief als das vorherige Tief bei Punkt 4. Somit wurde das erste höhere Tief festgesetzt. Dies sei ein deutliches Zeichen dafür, dass der Markt seinen Trend von einem Abwärtstrend zu einem Aufwärtstrend geändert haben könnte. Boyd fügte der Abbildung 5b in Abbildung 5c ein zusätzliches Segment hinzu und ergänzte das Segment von Punkt 7 bis Punkt 8. Er sagte, sobald Punkt 8 leicht über Punkt 6 liege, wie in Abbildung 5c dargestellt, gebe es nun ein klares Anzeichen dafür, dass tatsächlich eine Trendwende eingesetzt habe. Er unterstrich, dass wir von Punkt 4 an eine ganze Reihe von höheren Hochs und höheren Tiefs gesehen hätten. Punkt 7 markierte ein höheres Tief als Punkt 4. Und als Punkt 8 über Punkt 6 hinweg ging, hatten wir also auch ein höheres Hoch gesehen. Eine komplette Serie höherer Hochs und höherer Tiefs deute also auf eine Trendwende hin.

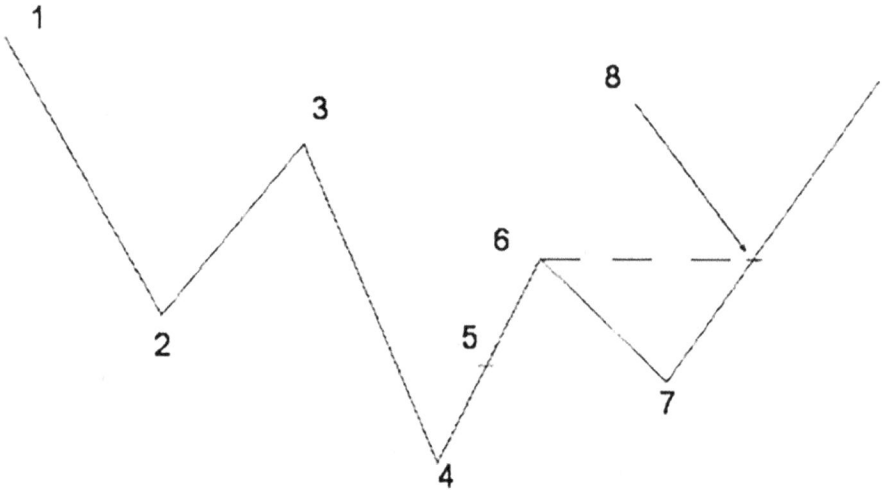

Abbildung 5c. Eine Trendwende

1 = vorheriger Abwärtstrend

2 = jüngster Tiefstand

3 = Reaktionshoch auf das jüngste Tief

4 = ein neues niedrigeres Tief

5 = Erholung vom letzten Tief

6 = ein neues Hoch, das während der jüngsten Rallye erreicht wurde

7 = Abwärtsreaktion auf die jüngste Erholung, doch dieses Tief liegt höher als das vorherige Tief bei Punkt 4

8 = sobald der Kurs über den Punkt 6, das vorherige Hoch, steigt, deutet dies auf eine Trendwende hin

An diesem Punkt zeichnete Boyd die Abbildung 5d und erklärte, dass diese letzte Abbildung bestätige, dass ein vollwertiger Aufwärtstrend im Gange sei. Er ergänzte, dass dies eine sehr vereinfachte Version einer möglichen Trendwende sei. Es sei aber durchaus möglich, dass sich die Bedingungen zwischen Punkt 4 und Punkt 5 verbessern, wenn man nur wisse, worauf man achten müsse. Hierbei fließe dann die Entwicklung einzelner Aktien in die Gesamtbewertung ein.

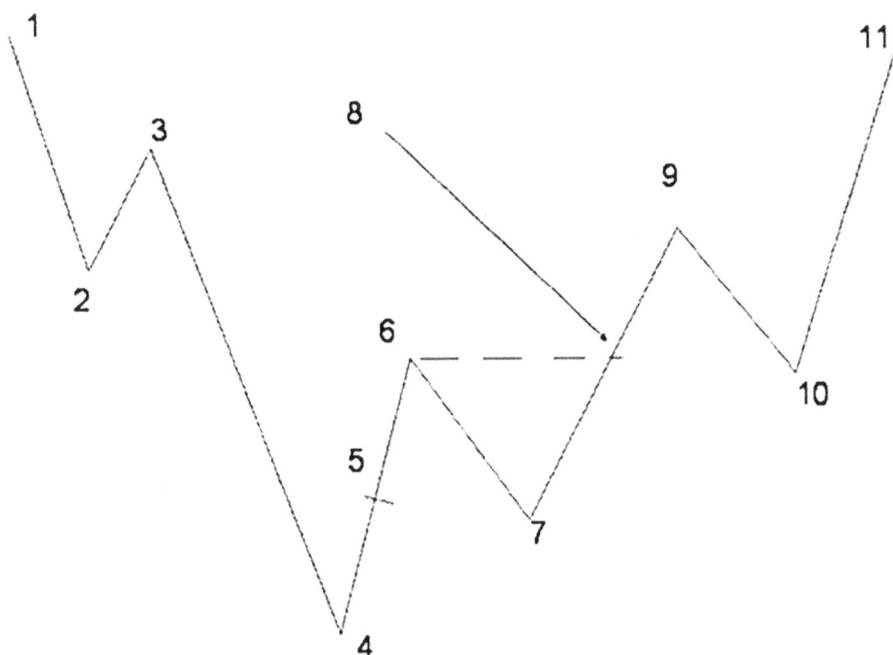

Abbildung 5d. Eine bestätigte Trendwende

1 = vorheriger Abwärtstrend

2 = jüngstes Tief

3 = Reaktionshoch auf das jüngste Tief

4 = ein neues niedrigeres Tief

5 = Erholung vom letzten Tief

6 = ein Hoch, das während der jüngsten Rallye erreicht wurde

7 = Abwärtsreaktion auf die jüngste Erholung, doch dieses Tief liegt höher als das vorherige Tief bei Punkt 4

8 = sobald der Kurs über Punkt 6, das vorherige Hoch, steigt, deutet dies auf eine Trendwende hin

9 = ein neues höheres Hoch über dem vorherigen Hoch bei Punkt 6 wird markiert

10 = ein höheres Tief als das vorherige Tief bei Punkt 7

11 = ein neues höheres Hoch setzt den Aufwärtstrend fort

Zusammenfassung:

Nicht jede Rallye ist auch der Beginn eines realen Aufwärtstrends, aber bei jeder Rallye muss man für die Möglichkeit offen sein, dass ein neuer Aufwärtstrend eingesetzt hat. Hierbei sollten wir Ausschau nach bestätigenden Signalen bei jungen Wachstumsaktien suchen, die idealerweise neue Höchststände erreichen.

KAPITEL 6

ALLUMFASSENDE BESTÄTIGUNG

Ich hatte immer wieder erfahren, dass der Markt die Angewohnheit besitzt, uns Menschen zu täuschen. Boyd pflegte diesbezüglich zu sagen, dass der Markt die meiste Zeit über jeden täuscht. Der Versuch, die Bewegungen eines Marktes zu prognostizieren, bleibt deshalb unvollkommen. Etwa so unvollkommen wie der Versuch, die eigene Zukunft vorherzusagen. Etwa ein Drittel der Marktprognostiker liegt in einem Drittel der Prognosen richtig. Selbst wenn sie zufällig mit der Trendrichtung richtig liegen sollten, liegen sie anschließend mit dem Timing falsch. Prognosen sind eine schlechte Methode, um auf dem Markt zu agieren. Doch genau das ist es, was die meisten Leute tun. Sie versuchen, Vorhersagen zu treffen und zahlen dafür einen hohen Preis.

Ein erfolgreicher Spekulant interpretiert, statt zu prognostizieren. Wir haben die Grundlagen der Interpretation eines veränderten Trends allein auf der Grundlage der allgemeinen Marktindexbewegung behandelt. Jedoch müssen wir alles am Markt prüfen und bestätigen, denn es existieren viel zu viele Ablenkungsmanöver. Wenn wir zu unserer ursprünglichen Abbildung 5b zurückkehren und einen Blick auf Punkt 5 werfen, werden wir feststellen, dass wir uns an einem Punkt befinden, an dem der Markt sich an einem möglichen Wendepunkt befindet. Bei Punkt 5 in Abbildung 5b hat sich der Markt seit einigen Tagen von seinem letzten Tief erholt. Sowohl auf den Tages- als auch auf den Wochencharts ist das letzte Tief nicht unterschritten worden. Dies ist der Zeitpunkt, an dem wir damit beginnen, nach bestätigenden Signalen bei einzelnen Aktien zu suchen.

Doch bevor wir uns mit den einzelnen Aktien befassen, müssen wir einige Grundlagen klären. Wie alle Marktteilnehmer sind auch wir nur an Aktien interessiert, die im Kurs steigen werden. In meinem Bericht über den Lauf von Taser, „Die perfekte Aktie", hatte ich ausführlich dargelegt, warum es sinnvoll ist, Aktien zu kaufen, die neue Allzeithochs erreichen. Nun ist mir klar geworden, dass meine damaligen Erklärungen vielleicht zu ausführlich waren. Deshalb habe ich Boyd gebeten, mir zu erklären, auf welche Weise Aktien, die neue Höchststände erreichen, während eines bestätigten Aufwärtstrends des Marktes fortlaufend immer wieder neue Allzeithochs markieren. Wie sich herausstellte, fiel seine Erklärung deutlich prägnanter aus.

Er sagte, dass jeder neue bestätigte Marktaufwärtstrend eine neue Reihe unbekannter junger Wachstumsaktien haben muss, die den Markt anführen. Jeder Zyklus bringt also auch neue Zugpferde hervor. Es ist nicht anders als bei einer Sportmannschaft. Es braucht eine neue Generation von jungen Spielern, um ein Spiel zu neuen Höhen zu führen, nachdem eine Reihe von älteren, früheren Größen langsam nachlässt. In den frühen Tagen der industriellen Revolution waren es Stahl und Schienen, die den Markt nach oben führten. Anschließend folgten die Autos und die schweren Maschinen, schließlich die Flugzeuge und die damit verbundenen Industrien. Dann kamen Radio und Fernsehen und die damit verbundenen Technologien. Nachfolgend die Computer und die Softwareunternehmen und schließlich das Internet und die damit einhergehenden Technologien. Irgendwo dazwischen etablierten sich auch medizinische Technologien und Pharmazeutika. Der nächste ernstzunehmende Aufwärtstrend wird ebenso eine neue Branche samt dominierender Zugpferde aufweisen, denn es braucht immer wieder neue Anführer, um den Gesamtmarkt voranzutreiben.

Ich unterbrach ihn in seinen Ausführungen und bemerkte: „Aber Sie sagen, dass man realistisch sein sollte und nicht mehr als 3 oder 4 handelbare Segmente eines bestätigten Aufwärtstrends in einem 10-Jahres-Zyklus an den Märkten erwarten sollte. Würde das nicht mit langen Perioden schwacher Marktaktivität einhergehen? Was passiert in solchen Phasen mit den neuen, jungen Wachstumsaktien, die wir im Auge behalten und die auf ihre Hausse warten?"

Boyd nahm einen Schluck von seinem Kaffee und brauchte eine Sekunde, um seine Gedanken zu ordnen. Dann erklärte beiläufig: „Ich gehöre zu den Menschen, die den Märkten mit einer gewissen Skepsis begegnen. Ich gehe zunächst von der Annahme aus, dass jede Rallye ein falscher Ausbruch ist. Solange diese Annahme nicht durch einzelne Aktien widerlegt ist, bin ich nicht von der Wucht einer solchen Rallye überzeugt. Um Ihre Frage zu beantworten: Ja, das große Geld ist nur in etwa 3-4 Aufwärtstrends innerhalb eines 10-Jahres-Zyklus möglich. Während der Wartezeit bauen diese neuen, jungen Wachstumswerte ihr Potenzial auf und dieser Aufbau dauert sehr lange. Auf solche Zyklen zu warten, um ernsthafte und große Investitionen zu tätigen, fällt den meisten Menschen schwer, aber wenn man sich die Zeit nimmt, die Handelshistorie und die Performance während des letzten 10-Jahres-Zyklus zu überprüfen, wird man feststellen, dass mehr als 80% der Leute Geld am Markt verloren haben. Jeder kann ein gutes und ein glückliches Jahr haben. Das ist nicht der eigentliche Gratmesser. Für einen erfolgreichen Spekulanten ist es vielmehr entscheidend, wie er über einen Zeitraum von 10 Jahren abgeschnitten hat. Wenn man den Mut hat, seine eigene 10-Jahres-Performance hervorzuholen und zu analysieren, wird man leicht erkennen, dass das, was man verdient hat, durch das, was man verloren hat, mehr als ausgeglichen wurde."

„Während eines Seitwärtstrends des Gesamtmarktes habe ich meine Charts immer bei mir und bin stets auf der Suche nach dem nächsten großen Zugpferd. Zu jedem beliebigen Zeitpunkt könnte ich Dutzende verschiedener Aktien im Auge behalten, aber ich konzentriere mich nur auf etwa 5-10 davon. Ich weiß, wonach ich suche, und ich erkenne einen Gewinner, wenn ich einen sehe. Mein Erfolg hängt nur davon ab, wie gut ich in der Lage bin, meine Engagements zu platzieren und ein Zugpferd während des längsten Abschnitts eines Aufwärtstrends zu handeln. Es gab Jahre, in denen ich die richtigen Aktien hatte, aber dennoch nicht in der Lage war, sie effektiv zu handeln, weil es zu heftigen Fake-Ausbrüchen und auch Fake-Einbrüchen kam. In anderen Jahren vermochte ich jedoch, die großen Gewinner sehr effektiv zu handeln. Im Großen und Ganzen versuche ich, in jedem 10-Jahres-Zyklus eine Handvoll bedeutender Aufwärtsbewegungen zu erwischen. Ich sage meiner Tochter, dass wenn ich mein Geld in einem Jahrzehnt vier- oder fünfmal verdopple und anschließend nicht viel davon an den Markt zurückgebe, dann habe ich meine Arbeit getan. Wenn ich zum Beispiel mit 100.000 Dollar anfange und mein Geld während eines 10-Jahres-Zyklus in drei verschiedenen Aufwärtsphasen nur dreimal verdopple und dann während des restlichen Abschnitts eines 10-Jahres-Zyklus nichts mehr verliere, wären meine Ursprungsinvestition auf 800.000 Dollar angewachsen. Nicht schlecht für eine 10-jährige Performance. Nehmen wir an, Sie hätten dies über zwei Zehnjahreszyklen voll-bracht, dann hätten Sie aus Ihren $100.000 stolze $6.400.000 gemacht."

„Meine Philosophie ist denkbar einfach. Die erste Prämisse lautet, dass der Aktienmarkt sehr heikel ist und mehr als 80% der Teilnehmer lang-fristig Geld verlieren werden. Wenn ich mich auf einen Gegner einlasse, der 80% der Leute besiegt, dann bin ich ausschließlich am großen Geld interessiert. Mit anderen Worten: Wenn ich schon das Risiko eingehe, auf dem Markt zu verlieren, sollte sich der Gewinnfall auch richtig rentieren. Warum sollte ich mein Geld für magere Gewinne oder noch schlimmer, für Verluste riskieren?"

„Die zweite Prämisse besagt, dass das große Geld nur mit jungen, unbekannten Wachstumswerten gemacht wird. Die alten Vorreiter wie Ge-neral Motors, IBM, Wal-Mart, Cisco, Microsoft usw. sind zu ausgereiften Konzernen mit großen Volumina geworden und nun eher etwas für Pen-sionsfonds und Investoren, die glauben, dass sie mit stabilen Unternehmen den Schwankungen des Marktes standhalten können. Sie ahnen nicht, dass ein einziger Bärenmarkt alle hart erarbeiteten Gewinne, die über viele Jahre hinweg erzielt wurden, zunichte machen kann. Aber jeder Mensch ist nun mal anders und jeder kommt mit unterschiedlichen Einstellungen und Zielen an den Markt."

„Die dritte Prämisse besagt, dass die Aktie, die ich als potenziellen Ge-winner im Auge habe, mir durch ihr Kurs-/Volumenverhalten gezeigt ha-ben muss, dass sie die Fähigkeit hat, im Kurs zu steigen. Wenn ich Besitzer eines Baseballclubs bin, warum sollte ich einem Baseballspieler das große Geld zahlen, wenn ich erkennen kann, dass er während seiner bisherigen Zeit bei kleineren Clubs konstant gut war und seine Durchschnittswerte tatsächlich verbessert hat. Wenn ich eine solche Verbesserung oder Steigerung der Fähigkeiten nicht sehen kann, habe ich kein Interesse an einer Aktie. Das ist es, was ich als vorherigen Aufwärtstrend bezeichne. Ohne einen vorherigen Aufwärtstrend hat eine Aktie für mich nichts nachgewiesen."

„Wie kann ich bei Tausenden von Aktien, die sich nach oben und nach unten bewegen, meinen Fokus auf die nächsten großen Gewinner eingrenzen? Nun, ich beginne nur mit den Aktien, die 10-15 Jahre oder weniger am Markt sind. Mit anderen Worten, ich interessiere mich nicht für Aktien, die bereits seit mehr als 15 Jahren existieren. Wie ich schon sagte, sind es die neuen, jungen Wachstumsunternehmen, die das große Geld machen. Wenn eine Aktie über 15 Jahre alt ist, hatte sie die Möglichkeit, sich in früheren Bullenmärkten signifikant aufwärts zu bewegen. Falls dies geschehen ist, dann ist es für mich wahrscheinlich zu spät, um ihren schnellsten und weitesten Aufwärtstrend mitzunehmen."

„Zudem setze ich voraus, dass mein Aktienkandidat sich seinem Allzeithoch nähert. Manche Leute suchen nach Aktien, die neue 52-Wochen-Höchststände erreichen - ich nicht. Ich muss eine Aktie vor mir haben, die sich ihrem Allzeithoch nähert. Mein Interesse besteht in erster Linie darin, so wenige Aktien wie möglich zu beobachten. Das bedeutet, dass ich die Zahl der potenziellen Gewinner auf ein überschaubares Maß reduzieren muss. Damit ich das tun kann, muss ich bestimmte Einschränkungen und Parameter festlegen. Alle Parameter, die ich verwende, dienen also einzig und allein dem Ziel, die Anzahl der Aktien, die ich beobachte, auf eine Handvoll zu reduzieren. Schließlich sind wir mit dem Ziel angetreten, in jedem Jahrzehnt nur eine Handvoll großer Zugpferde auszuwählen."

„Ich glaube, ich habe bereits erwähnt, dass alles an der Börse seine Zeit braucht. Es braucht Zeit, um viel Geld zu verdienen oder zu verlieren. Eine Aktie braucht Zeit, um sich zu etablieren, bevor sie sich richtig in

Bewegung setzt. Während dieses Prozesses wird ein Aktienkurs oft viele falsche Signale aussenden. Es kann Anzeichen dafür geben, dass eine bedeutende Bewegung eingesetzt hat, nur um sich dann wieder umzukehren und in die Basis- oder Aufbauphase zurückzukehren. Dies wird dem Spekulanten viel Geduld abverlangen. Da der Spekulant auf einen klar definierten Zeitraum von 6-12 Monaten wartet, in dem die Aktie am schnellsten und am weitesten steigen wird, ist er nur an einem klar erkennbaren Trend interessiert, bei dem die Aktie eine saubere Folge von höheren Höchst- und Tiefstständen aufweist. Eine solche Bewegung kommt in der Regel nur einmal im Leben einer Aktie vor. Während eines solchen Zeitraums ist es nicht ungewöhnlich, dass eine Aktie ein Vielfaches des Preises erreicht, den sie am Eintritt in eine solche Phase aufwies."

„Sie haben ein nettes kleines Buch über den Anstieg von Taser um 7000% innerhalb von 12 Monaten geschrieben, das einige der bedeutendsten Lektionen des Aktienmarktes erklärt. Aber ich denke, Sie werden enttäuscht sein, wenn Sie erfahren, dass die Lektionen in Ihrem Buch nur von den wahren Spekulanten auch erkannt werden. Die breite Öffentlichkeit wird diese wertvollen Lektionen jedoch völlig übersehen. Das beweist nur, dass die wirklich erfolgreichen Spekulanten eine schweigende und verschwindend geringe Minderheit auf dem Markt ist. Da die Zahl der wirklichen Spekulanten auf dem Markt minimal ist, befürchte ich, dass sich Ihr Buch nicht so gut verkaufen wird wie die üblichen Bücher, die den derzeitigen Aktienmarkt als größte Chance aller Zeiten anpreisen."

„Um meine Lektion zu vereinfachen: Ich fokussiere mich gerne auf Aktien, die viele Monate oder sogar Jahre brauchen, um ihren Boom vorzubereiten. Je länger die Seitwärtsbewegung und je andauernder das ruhige, unbemerkt verlaufende Muster entsteht, desto schneller und weiter die Aufwärtsbewegung, sobald die eigentliche Hausse beginnt. Ich kann

Ihnen sagen, dass die breite Öffentlichkeit keine Geduld hat, wenn es darum geht, darauf zu warten, dass so ein Spiel aufgebaut wird. Das ist der große Fehler, den die meisten Leute begehen. Sie glauben, dass jeder Ausbruch aus einer Preisspanne in eine andere der Beginn einer großen Preisexplosion ist. Um das zu erklären, muss ich einen Schritt zurückgehen und darauf eingehen, was Ausbrüche tatsächlich sind."

„Sie werden ein Dutzend Anbieter finden, die behaupten, sie wüssten, welche die aussichtsreichsten Kandidaten sind und wie sie sich verhalten. Leider wird kein einziger davon seinen Lesern gerecht werden. Die Wall Street-Maschinerie suggeriert, dass viele Aktien bei einem Ausbruch einen bedeutenden Kursanstieg verzeichnen werden. Diese Unterstellung ist entweder naiv oder absichtlich irreführend. In jedem Fall ist es eine falsche Prämisse. Zunächst einmal muss man klar definieren, was mit einem Ausbruch gemeint ist. Ein Ausbruch bedeutet lediglich, dass eine Aktie oder ein Index aus einer Handelsspanne ausgebrochen und in eine andere Handelsspanne eingetreten ist. Das war's. Mehr ist mit einem Ausbruch nicht gemeint. Es gibt eine breite Anhängerschaft und den Glauben, dass ein Ausbruch der Beginn eines anhaltenden Aufwärtstrends ist. So etwas anzunehmen, zu behaupten oder zu unterstellen ist töricht. Ein Ausbruch findet irgendwann in jedem Trend statt. Das bedeutet aber nicht, dass jeder Ausbruch der Beginn eines Bullenmarktes ist. Ein großer Major League-Spieler beginnt in der Minor League. Daraus folgt nicht, dass jeder Minor-League-Spieler zu einem großen Spieler wird."

„Ein Aufwärtstrend ist eine Serie von höheren Höchstständen und höheren Tiefstständen. Eine Aktie, die sich in einem Aufwärtstrend befindet, weist entlang ihres Aufwärtstrends einige Konsolidierungsphasen auf, in denen sich der Aktienkurs ausruht. Nach dieser Ruhephase setzt die Aktie ihren Aufwärtstrend wieder fort. In einem solchen Fall kann man sagen, dass mit dem Ausbruch aus der Ruhephase ein neuer Aufwärtstrend begonnen hat. Nur die wenigen Ausbrüche, die einen Aufwärtstrend bestätigen und fortsetzen, sind in meinen Augen die wirklichen Ausbrüche."

„In jedem Jahr kommt es vor, dass 500 oder mehr Aktien neue Höchststände erreichen. In einem guten Jahr kann sich diese Zahl sogar auf über tausend Aktien verdoppeln, die zu neuen Höchstständen ausbrechen. Und genau zum Zeitpunkt eines solchen Ausbruchs sieht jede Aktie für diesen einen Moment, in dem sie ausbricht, gut aus, aber das sind 52-Wochen-Hochs. Ich interessiere mich nur für Aktien, die Allzeithochs erreichen. Und ich interessiere mich nur für Aktien, die sich bereits in einem Aufwärtstrend befinden. Das bedeutet, ich interessiere mich nur für neue, junge Wachstumsunternehmen, die bereits steigende Kurse aufweisen und sich in Bereichen mit neuen Allzeithochs befinden. Zusammenfassend kann man sagen, dass ich nach Aktien Ausschau halte, die sich seit einigen Jahren und Monaten in einem langen seitwärts gerichteten Bewegung mit positiver Tendenz befinden. Soweit die Ausgangssituation. Je länger diese Phase andauert, desto größer sind die Chancen, dass es zu einer signifikanten Bewegung kommt, wenn das Spiel tatsächlich beginnt. Dann muss die Aktie neue Allzeithochs erreichen und für einige Wochen und Monate eine Tendenz zu kontinuierlich steigenden Kursen aufweisen. Normalerweise schaue ich mir nur Aktien an, die sich in den letzten 52 Wochen vom Tiefst- zum Höchststand bereits verdoppelt haben. Mit anderen Worten: Wenn ich nach dem 52-Wochen-Tief und dem 52-Wochen-Hoch einer Aktie suche, muss der 52-Wochen-Höchstkurs mindestens doppelt so hoch sein wie der 52-Wochen-Tiefkurs. Außerdem muss ich mindestens eine Ruhephase während des Aufwärtstrends oder der Spielphase sehen. Wie ich schon sagte, beginnt das eigentliche Spiel erst nach einem gewissen Aufwärtstrend."

„Anschließend ergänze ich meine Anforderungen um eine weitere. Die Aktie muss innerhalb von vier Wochen oder weniger mindestens 20% oder mehr vom Höchststand des letzten Ausbruchs zugelegt haben. Diese 20%ige Bewegung innerhalb von vier Wochen muss stattgefunden haben, ohne dass die Aktie jemals in den Bereich der Konsolidierung zurückgekehrt ist. Dann bezeichne ich diese Aktie als 20/4-Typ - das bedeutet 20% oder mehr innerhalb von 4 Wochen, ohne dass die Aktie in den Basis- oder Konsolidierungskursbereich zurückkehrt."

An diesem Punkt holte Boyd seinen Notizblock hervor und zeichnete eine Skizze, wie in Abbildung 6 unten dargestellt. Auf dieser Abbildung markierte er die lange Basis-, bzw. Aufbauphase. Anschließend markierte er die vorherige Aufwärtstrendphase des Beginns der wirklichen Hausse. Er markierte auch die erste Ruhephase oder die Konsolidierungsphase. Über dem Konsolidierungsbereich zeigte er die 20/4-Bewegung an, um diese Art von Aktie als 20/4-Typ zu kategorisieren. Wie üblich nahm ich seine Illustration an mich und legte sie in meinen Ordner mit meinen Notizen. Wieder einmal war Boyds Abbildung schlicht, leicht zu verstehen und genial in ihrer Erklärung seiner Terminologie. Ich warf einen Blick auf die Bemerkungen in Abbildung 6 und stellte fest, dass alles, was Boyd an diesem Morgen erklärte, leicht zu verstehen war.

Abbildung 6. Eine typische 20/4-Bewegung

1 = lange, monate- und jahrelange Bodenbildungsphase
2 = immer neue Kurshöchststände werden markiert
3 = Konsolidierungs- bzw. Ruhephase
4 = Ausbruch zu neuen Höchstständen, um innerhalb von vier Wochen ab Punkt 4 einen Anstieg von 20 % oder mehr zu erreichen

Boyds Verstand arbeitete an diesem Morgen mit einem erstaunlichen Tempo. Wie ich schon bemerkte, war er an diesem Morgen recht fröhlich und wenn ich es nicht besser gewusst hätte, hätte man leicht vergessen können, dass seine Zeit ablief. Er schien so aufgeweckt wie eh und je zu sein. Ich beschloss, diesen Tag in vollen Zügen zu genießen, denn mir war klar, dass die schönen Tage für ihn gezählt waren und dass ich vielleicht nie wieder einen solchen Tag mit ihm erleben würde. Also unterbrach ich ihn während der gesamten Unterrichtsstunde nicht einmal, während der Morgen allmählich in den Nachmittag überging. Wir gönnten uns ein leichtes Mittagessen und fuhren mit den Themen fort, die sich auf die Bestätigung von Marktsignalen bezogen.

Boyd fuhr mit Leichtigkeit fort, die Worte sprudelten aus ihm heraus. Er war ganz in seinem Element und ich konnte mir gut dabei vorstellen, wie er mit seiner kühlen, ruhigen, distanzierten und kalkulierenden Art seine Geschäfte abwickelte.

Er sagte: „Obwohl die erste Aktie, die eine solche 20/4-Bewegung vollzieht, ein gutes Zeichen ist, warte ich in der Regel, bis ich mindestens zwei solcher Aktien aus zwei verschiedenen Branchen sehe, die mir signalisieren, dass es an der Zeit ist, das tiefere Wasser am Markt zu testen. Ich habe bislang noch nicht wirklich über die Bedeutung des Volumens gesprochen. Ich werde die Bedeutung dessen für später aufheben. Sobald ich nun mindestens zwei Aktien gesehen habe, die sich im Bereich von 20/4 bewegen und die meine erforderlichen Kriterien erfüllen, treffe ich die Entscheidung, dass es an der Zeit ist, den Markt mit kleinen Pilotkäufen zu testen. Ein kleiner Pilotkauf ist ein Testkauf im Markt, um zu bestätigen, dass das, was ich gesehen, beobachtet und interpretiert habe, zutreffend ist. Wenn ich tatsächlich richtig liege, sollten meine Testkäufe oder Pilotkäufe von Anfang an Gewinne erzielen, ohne unter meine Kaufkurse zu fallen. Um zu bestätigen, dass ich richtig liege, muss ich eine weitere Maßnahme ergreifen. Das ist die Stop-Loss-Regel. Darüber wird viel gesprochen und geschrieben und sie wird von vielen Tradern und Spekulanten befolgt. Manche tun es erfolgreich, andere weniger. Zumindest halten sich Trader und Spekulanten in irgendeiner Form an einen Stop-Loss. Das ist besser als das, was die Zocker und Investoren tun, die keine Stop-Loss-Strategie befolgen."

„Ich denke, Sie haben die Prinzipien des Stop-Loss in Ihrem Taser-Bericht hinreichend erklärt. Ich glaube nicht, dass es dem, was Sie bereits gut erklärt haben, noch viel hinzuzufügen ist. Die Grundidee eines Stop-Loss ist eine doppelte. Das erste Ziel besteht darin, unser Kapital zu schützen. Das wurde in Ihrem Buch und auch in vielen anderen Büchern, die auf dem Markt verfügbar sind, behandelt. Das zweite, wichtigere Ziel ist es, mir das Gegenteil zu beweisen. Wenn mehrere meiner Stop-loss-Order auslösen, sendet mir der Markt die Botschaft, dass ich die Richtung des Marktes und der Aktie falsch einschätze.

„Um auf meine 20/4-Titel zurückzukommen: Sobald eine Aktie eine 20/4-Bewegung vollzieht, setze ich einen Stop-Loss bei meinen Kaufkursen. Wenn sich also eine Aktie innerhalb von vier Wochen nach ihrem Ausbruch um 20% oder mehr bewegt und dann wieder auf meinen Kaufkurs zurückkehrt, verkaufe ich sie. Ich tue dies, weil die Wahrscheinlichkeit, dass eine Aktie des Typs 20/4 auf ihren Kaufkurs zurückkommt, minimal ist, wenn sich der Markt in einem Aufwärtstrend befindet. Wie gesagt, der Stopp soll mir helfen zu beweisen, ob ich mit meiner Einschätzung der Marktentwicklung richtig oder falsch liege. Andererseits haben Aktien, die innerhalb von 4 Wochen nach ihrem Ausbruch zu neuen Höchstständen um 20% oder mehr zulegen, in der Regel gerade erst ihre große Aufwärtsbewegung begonnen. Diese Aktien sind die wahren Indikatoren oder

Bestätigungsaktien für den Trend des Marktes als Ganzes. Außerdem bereite ich mich psychologisch ständig darauf vor, dass ich mit keiner Aktie des Typs 20/4 jemals einen Verlust machen werde. Auf diese Weise habe ich eine eingebaute Affinität für solche Kandidaten."

Als Boyd weiter über dieses Thema sprach, beschloss ich, meine Notizen für diesen Tag in zwei Hälften zu teilen. Mir wurde klar, dass an diesem Tag eine Menge Informationen auf mich einprasselten. Ich wollte keinesfalls riskieren, dass meine Gedanken abschweifen und einige der winzigen Details in Boyds Lektionen verloren gehen würden. Ich beschloss, ihn an dieser Stelle um ein paar Minuten Pause zu bitten, damit ich meine Gedanken sammeln und meine Notizen ordnen konnte.

Zusammenfassung:

Es sind stets die neuen, jungen, unbekannten Wachstumsunternehmen, die den Trend des Marktes bestätigen. In der Regel dauert es bei einzelnen Aktien lange, bis sich der eigentliche Trend manifestiert. Aus diesem Grund halten wir nach Aktien Ausschau, die in den letzten 10-15 Jahren auf den Markt gekommen sind. Anschließend grenzen wir die Suche auf Kandidaten ein, die über lange Zeiträume von vielen Monaten oder Jahren in der so genannten Aufbauphase seitwärts gelaufen sind. Sobald die beobachtete Aktie ihr Allzeithoch erreicht hat, müssen Sie sicherstellen, dass ihr 52-Wochen-Hoch mindestens doppelt so hoch ist wie ihr 52-Wochen-Tief. Dies ermöglicht es dem Spekulanten, nur die wirklich großen potenziellen Gewinner herauszufiltern. Sobald die Aktie ein neues Allzeithoch erreicht hat, ist darauf zu achten, dass sie innerhalb von vier Wochen nach dem Ausbruch aus einer Konsolidierungszone einen Kursanstieg von 20% verzeichnet. Das ist es, was man als 20/4-Mover bezeichnen kann. Sind diese Punkte abgehakt, sollte man dem Markt als auch den einzelnen Aktien intensive Aufmerksamkeit schenken, denn dann ist es an der Zeit, den Wiedereinstieg in den Markt zu erwägen.

KAPITEL 7

VOLUMEN IST ALLES

Boyd unterstrich, dass die Signale, die das Volumen der gehandelten Aktien aussendet, so ziemlich alles sind, was man braucht. Ich war mir der Bedeutung der Kurs- und Volumenentwicklung einer Aktie und der allgemeinen Marktindizes durchaus bewusst. Aber die Art und Weise, wie Boyd mich ansah, als er diese Aussage über das Volumen machte, signalisierte mir, dass es mehr zu lernen gab, als die meisten jemals wissen werden. Also bat ich ihn, mir die Grundlagen des Handelsvolumens näher zu erläutern.

Boyd sagte: „Wenn ich über die Bedeutung des Handelsvolumens spreche, haben die meisten Leute in der Regel keine Ahnung, was ich damit meine. In der Regel lehnen sie die Bedeutung des Handelsvolumens ab oder haben keine Ahnung, wie man das in einem Chart erkennen kann. Für mich ist das Volumen sehr wichtig. Wenn ich den Chart einer Aktie sehe, kann ich mir sofort ein Bild davon machen, wo sich die Aktie in ihrer potenziellen Entwicklung befindet. Für mich ist es absolut wichtig, auf das Volumen zu achten. So einfach das Handelsvolumen auf den ersten Blick auch erscheinen mag, der Trick besteht darin, wachsam und sorgfältig zu sein, um nicht auf falsche Signale hereinzufallen."

„Etwas zu sehen, das nicht da ist, ist der häufigste und teuerste Fehler, den selbst die erfahrensten Spekulanten begehen. Es ist leicht, die eigene Position zu rationalisieren, indem man etwas sieht, das nicht da ist. Das Bedürfnis, Recht zu haben, führt dazu, dass man einseitig das sieht, was man sehen möchte. Und dann wird schnell der Wunsch zum Vater des Gedankens. Und das Bedürfnis, etwas zu unternehmen, lässt einen Dinge sehen, die nicht existieren. Ich schreibe oft in meinen kolumnen, dass der Markt eine Fata Morgana ist, denn man sieht Wasser, wo es Sand gibt, wenn man durstig genug ist. Wenn man dann sieht, was nicht da ist, endet man wie die unglückliche Seele, die sich in der Wüste verirrt hat und Sand isst, anstatt Wasser zu trinken."

„Wenn ich mir das Handelsvolumen einer einzelnen Aktie ansehe, beginne ich immer mit Wochencharts. Sobald ich etwas auf den Wochencharts sehe, bestätige ich das Signal auf den Tages- und Monatscharts. Wenn auf den Tages-, Wochen- und Monatscharts die gleichen Signale zu erkennen sind, dann ist das, was ich sehe, wahrscheinlich auch das, was tatsächlich passiert. Die Wahrscheinlichkeit, dass ich dann einer Fata Morgana aufsitze, ist in diesem Fall ziemlich gering."

„Das Volumen ist jedoch immer relativ zu sehen. Wenn eine Aktie mit durchschnittlich 1 Million Aktien pro Woche gehandelt wird und dann plötzlich einen großen Kurssprung auf neue Höchststände macht und gleichzeitig ein deutlich sichtbarer Anstieg des Volumens auf 5 Millionen Aktien oder mehr in der Woche des Kurssprungs zu verzeichnen ist, ist es für mich offensichtlich, dass irgendetwas passiert ist, das dieses erhöhte Interesse an der Aktie hervorgerufen hat. Die Volumenexplosion muss eindeutig und ohne Zweifel erkennbar sein. Gleichzeitig muss eine Aktie, die sich bereits im Aufwärtstrend befindet, einen deutlichen Kurssprung aufweisen, der mit der Volumenexplosion einhergeht. Ein solches Signal ist ein Anzeichen dafür, dass Sie aufhorchen und die Aktie beachten sollten. Aber nur weil eine solche Preis- und Volumenbewegung sichtbar ist, bedeutet das noch nicht viel. Alle anderen Faktoren, über die wir bereits gesprochen haben und die für eine neue potenzielle Gewinneraktie gelten, müssen ebenfalls zutreffen. Der Titel muss sich auf oder in der Nähe des Allzeithochs befinden. Es muss sich um eine junge Aktie handeln, der vor nicht mehr als 10-15 Jahren auf den Markt kam. Der 52-Wochen-Höchstkurs der Aktie muss mindestens doppelt so hoch sein wie der 52-Wochen-Tiefstkurs und sie muss auf den Wochencharts ein deutlich steigendes Volumen bei gleichzeitig steigenden Kursen aufweisen. Das Bild muss vollständig sein. Ein unvollständiges Bild ist für mich nicht überzeugend genug, um einen Testkauf zu wagen.

„Ein fast sicheres Signal für einen Aufwärtstrend zeigt sich auf einem Wochenchart. Man sieht deutlich, dass die Kurse bei erhöhtem Volumen steigen und die Reaktionen oder Konsolidierungen bei durchschnittlichem oder unterdurchschnittlichem Volumen erfolgen. Dies ist ein gutes Zeichen."

„Die Interpretation von Preis- und Volumenbewegungen erfordert jedoch ein scharfsinniges Auge. Die Kunst, solche Signale auf einem Chart lesen zu lernen, ist so ähnlich wie das Lesen einer Röntgenaufnahme. Es braucht etwas Zeit, Übung und viel Erfahrung. Schließlich ist man in der Lage, einen Blick auf ein Diagramm zu werfen und innerhalb von Sekunden viele der Merkmale zu erkennen, die daraus hervorgehen - ähnlich wie ein Radiologe, der einen kurzen Blick auf ein Röntgenbild wirft und sofort einige deutlich sichtbare Zeichen interpretieren kann. Sobald die ersten Anzeichen erkannt sind, ist eine weitere sorgfältige Untersuchung erforderlich."

„Manchmal schreibe ich für meine Leser, dass die Interpretation des Börsengeschehens schwer zu erklären ist. Normalerweise kann ich eine Bewegung erkennen und kommen sehen, aber es fällt mir schwer zu erläutern, warum ich diese bevorstehende Bewegung erkennen kann. Es ist fast wie die uralte Definition von Anstand in der freien Rede. Was ist beleidigende Sprache? Es ist schwer zu erklären, aber man kann es erkennen, wenn man es sieht."

Nun zog ich erneut das Blatt hervor, auf dem Boyd seine grobe Skizze gezeichnet hatte. Ich habe diese Skizze, als Abbildung 7 wiedergegeben. Man kann darauf deutlich die langen Monate und Jahre der Konsolidierung bei geringem, uninteressantem Volumen erkennen. Als die Aktie ein neues Allzeithoch erreichte, kam Boyds Bemerkung über ein erhöhtes Volumen hinzu. An einem Punkt schließlich explodierte das wöchentliche Volumen geradezu, als die Aktie neue Kurshöchststände erreichte, die deutlich über allen vorherigen Volumenhöchstständen lagen. Ich bemerkte, dass er eine Bemerkung hinzugefügt hatte, die besagte: „Idealerweise ist das die Art von Aktie, die ich bevorzuge. Bei dieser Aktie würde ich aufhorchen und aufmerksam werden. Was ich hier skizziert habe, steht für einen Wochenchart, der einige Jahre umfasst."

Abbildung 7. Eine optimale Preis/Volumen-Entwicklung

1 = lange Aufbauphase mit niedrigem Handelsvolumen

2 = steigendes Volumen

3 = steigende Kurse, die von steigendem Volumen begleitet werden

Ich bemerkte mit Interesse, dass er eine kleine Notiz auf der Abbildung vermerkt hatte, die besagte: "Es ist denkbar, dass ich monatelang warten muss, um ein solches Szenario vorzufinden, aber das Warten ist es normalerweise wert."

Ungefähr zu diesem Zeitpunkt warf Boyd einen Blick auf seine Uhr und stellte fest, dass es schon fast früher Abend war. Es war ein langer Tag gewesen, also beschloss er, für heute Schluss zu machen. Ich sammelte meine Notizen ein und machte mich auf den Weg nach Hause, während ich mir gleichzeitig Gedanken darüber machte, wie ich die Lektionen des Tages vereinfacht, aber vollständig aufschreiben könnte. Ich beschloss, eine Handvoll Charts in meine Aufzeichnungen einzubauen, um typische Kurs- und Volumenbewegungen abzubilden, die sich bei potenziellen Gewinnern zeigen. Um die Sache zu vereinfachen, beschloss ich, diese kommentierten Charts am Ende zusammenzufassen, nachdem ich mit allen Lektionen durch war.

Zusammenfassung:

Kurs- und Volumenentwicklung sollten sich gegenseitig ergänzen. Das Volumen muss die Kurse so begleiten, dass es kaum Zweifel an der bevorstehenden und laufenden Preisbewegung gibt. Die Interpretation eines Aktiencharts erfordert Zeit, Erfahrung, wiederholte Übung und ein scharfsinniges Auge. Es braucht drei oder vier Jahre ständiger Übung, bis man die Fähigkeit entwickelt, Dinge zu erkennen, die auf einem Aktienchart zu sehen sind.

KAPITEL 8

SCHLAGE NUR BEI REALEN AUSBRÜCHEN ZU

Am nächsten Morgen, beim Frühstück, wirkte Boyd ungewöhnlich zurückhaltend und bedrückt. Es war fast so, als sei er verzweifelt und erschöpft von seinen Bemühungen, den Menschen die Wege zum Erfolg aufzuzeigen, da kaum jemand zuhörte. Es war mir klar, dass die meisten Leute den von Boyd dargelegten Erfolgsprinzipien nicht folgen konnten, weil sie ein sorgfältiges, geduldiges, vorsichtiges und beharrliches Navigieren durch die Minenfelder des Aktienmarktes erforderten. Die breite Öffentlichkeit will sofortige Aktionen und Ergebnisse. Wir sind eine Nation von Menschen, die sofortige Befriedigung suchen, und wenn wir keine sofortigen Resultate sehen, dann muss der Ansatz fehlerhaft sein. Bei der enormen Anzahl an kostenlosen Angeboten für die neuesten Gadgets, Formeln, Software, Versprechungen und Gurus, die darauf erpicht sind, die Leichtgläubigen zu fangen und den attraktivsten Plan zum schnellen

Reichtum anzubieten, hat die Öffentlichkeit keine Verwendung für einen bewährten und authentischen, beständig erfolgreichen Ansatz. Es gibt viele erprobte Ergebnisse und Modellportfolios, die Jahr für Jahr hohe dreistellige Prozente versprechen. Der einfache Mann hat keine Chance, am Markt erfolgreich zu sein, wenn so viele Geier ihm jedes Mal, wenn er blinzelt, ein Stück seines Kapitals wegnehmen.

Der Markt bietet gerade genug Krümel für alle Handelssysteme, damit die Leichtgläubigen immer wieder geködert werden können, und auf dem Weg dorthin nimmt der Markt dem Leichtgläubigen riesige Brocken ab. Die kleinen Krümel reichen gerade aus, um die Leichtgläubigen davon zu überzeugen, dass ihr System die Chance hat, ganz groß rauszukommen, wenn sie nur den nächsten großen Gewinner finden können. Niemals kommt den Leichtgläubigen in den Sinn, dass große Gewinner nur 3 oder 4 Mal in einem 10-Jahres-Zyklus auftauchen. Um erfolgreich handeln zu können, wenn solche Gewinner auftauchen, muss der Plan in schlechten Zeiten Verluste vermeiden. Um zwei diametral entgegengesetzte Ziele zu vereinen, muss man einen Plan entwickeln, der in guten und in schlechten Zeiten gut funktioniert.

Dieser Plan muss auf Autopilot gestellt werden, damit typisch menschliche Schwächen ausgeschaltet werden und nur das profitable Element gedeihen kann. Es gab keine andere Möglichkeit, einen solch heiklen Balanceakt zu vollziehen, als den Prinzipien zu folgen, die Boyd verwendete. Seine Prinzipien waren generell nicht neu, es gab jedoch keine andere lebende Person, die diese Prinzipien so gut umsetzen und vermitteln konnte wie Boyd. Es existierten viele bekannte und unbekannte Größen, die diese Prinzipien befolgten und umsetzten, um Millionen aus den Märkten zu ziehen. Die unbekannten Mitspieler waren wahrscheinlich besser als die bekannten. Zu den bekannten Größen gehörten unter anderem James

Keene, Livermore, Baruch, John Gates, Russell Sage und Darvas. Boyd war einer der vielen Unbekannten.

Das allgemeine Prinzip klingt einfach: Halte dich von schlechten Marktbedingungen fern und investiere voll während profitabler Bedingungen. Das Problem liegt in der Umsetzung des Plans. Viele haben einen großartigen Plan ausgeheckt, doch Theorie und Praxis sind eben oftmals zweierlei. Mit dem Markt verhält es sich genauso. Worte gibt es in Hülle und Fülle. Klischees und Sprichwörter werden links, rechts und in der Mitte von Medien und allen möglichen Besserwissern propagiert. Die Bescheidenheit, mit der ein wahres Genie seinen Plan ausführt, ist jedoch selten.

Der Begriff *Ausbruch* hat sowohl schlechte als auch gute Reputation erhalten. Schlechte dank der Leute, die seine Definition missbrauchen und nicht wissen, wie man einen echten Gewinnplan umsetzt. Die gute Reputation kommt von denjenigen, die vor allem einen rückwirkend getesteten und im Nachhinein begründeten Anspruch auf Erfolg haben. In beiden Fällen ist das Problem das gleiche. Zu viel Aufmerksamkeit in den Medien - die immer nur die Extreme abbilden. Die härteste Arbeit wird jedoch geleistet, wenn niemand hinsieht. Die Medien kommen erst ganz zum Schluss.

Boyd bietet eine einfache Definition eines Ausbruchs. Ein Ausbruch ist schlicht die Bewegung einer Aktie oder eines Index von einer Preisspanne zu einer anderen. In seiner einfachsten Form bietet er keinen Hinweis auf die allgemeine Richtung des Marktes oder den Trend einer Aktie. Sehen wir uns zum Beispiel Abbildung 8a an. In diesem Fall bietet der angezeigte Aktienkurs eine Ausbruchsbewegung. Es gibt jedoch keinen Hinweis darauf, ob sich die Aktie, die diese Ausbruchsbewegung vollzogen hat, in irgendeinem Trend befindet oder nicht. In jedem Jahr vollziehen sich

Tausende solcher Ausbrüche, unabhängig davon, ob es sich um ein gutes oder ein schlechtes Jahr an den Märkten handelt.

Abbildung 8a. Ein vorübergehender Ausbruch

1 = ein Ausbruch von einer Preisspanne hinzu einer anderen
2 = Rückkehr in den ursprünglichen Bereich

Lassen Sie uns andererseits Abbildung 8b betrachten. Hier sehen wir eine Aktie, die seit Jahren einen langen Seitwärtstrend ausgebildet hat. Dann wacht sie plötzlich auf und beginnt, sich nach oben zu bewegen. Nachdem sie einige Zeit, gemessen in Wochen und Monaten, gestiegen ist, fällt sie wieder in den Keller. Diese zweite Bodenbildung ist jedoch nur kurzanhaltend und wird in Wochen gemessen. Danach bricht die Aktie zu einer höheren Preisspanne aus.

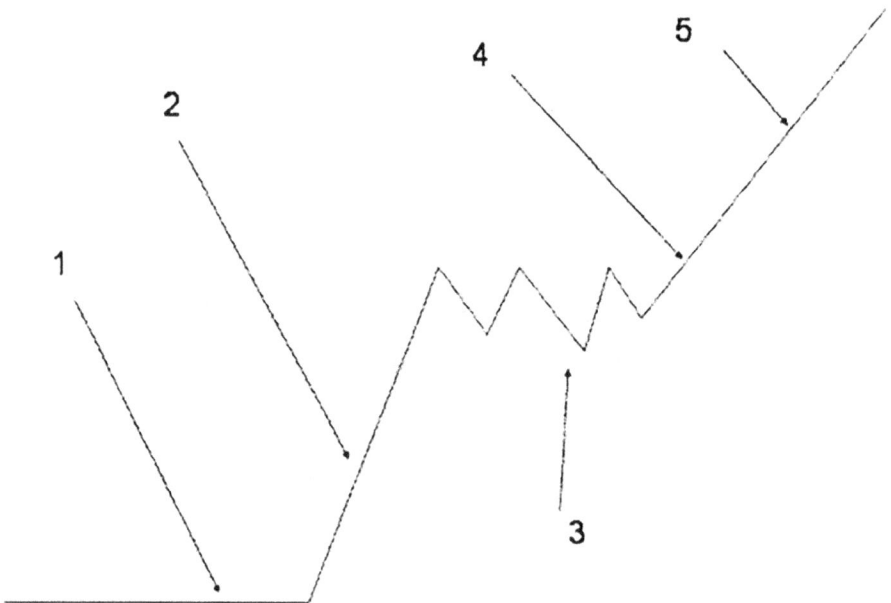

Abbildung 8b. Ein tatsächlicher Ausbruch

1 = lange seitwärts gerichtete Bodenbildungsphase

2 = ein starker Aufwärtstrend hat begonnen, neue Kurshöchststände zu erreichen

3 = Ruhe- oder Konsolidierungsphase

4 = Ausbruch zu neuen Allzeithochs im Kursbereich

5 = fortgesetzter Aufwärtstrend, der nach einer Konsolidierungsphase wieder aufgenommen wurde

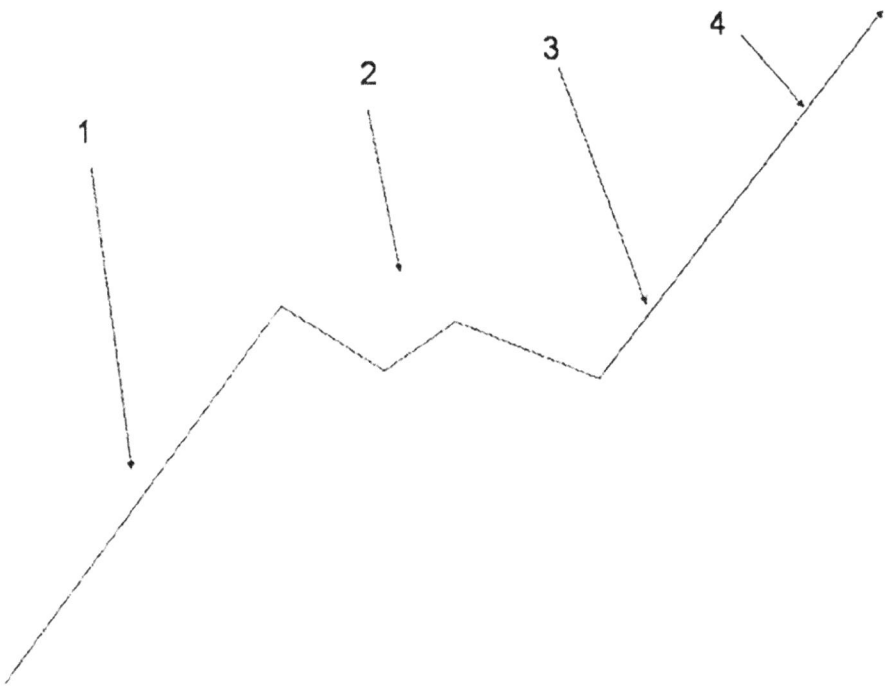

Abbildung 8c. Genaue Betrachtung eines tatsächlichen Ausbruchs

1 = ein starker Aufwärtstrend hat begonnen, neue Kurshöchststände zu erreichen

2 = Ruhe- bzw. Konsolidierungsphase

3 = Ausbruch auf ein neues Allzeithoch im Kursbereich

4 = fortgesetzter Aufwärtstrend, der nach einer Konsolidierungsphase wieder aufgenommen wurde

Um die relevanten Details abzubilden, hat Boyd dieselbe Abbildung gezeichnet, jedoch mit voller Konzentration auf den vorherigen Aufwärtstrend, die Basis und den Ausbruchsbereich von Abbildung 8b. Diese Bewegung ist in Abbildung 8c gekennzeichnet. Punkt 1 in dieser Abbildung zeigt den vorherigen Aufwärtstrend an. Dieser bestätigt uns, dass die Aktie Potenzial gezeigt hat. Der Bereich, der durch Punkt 2 angezeigt wird, ist der Konsolidierungs- bzw. Ruhebereich, in dem die Aktie eine kleine Pause von ihrer Aufwärtstendenz einlegt. Bei Punkt 3 findet dann ein tatsächlicher Ausbruch statt. Dieser liegt vor, sobald eine Aktie ein neues Kurshoch erreicht, nachdem sie alle nachstehenden Kriterien erfüllt hat:

- die Aktie ist weniger als 15 Jahre am Markt
- die Aktie hat eine jahrelange Seitwärtsbewegung ausgebildet
- die Aktie startet anschließend einen Aufwärtstrend, indem sie neue Allzeithochs erreicht
- nach einem Aufwärtstrend, der viele Wochen und Monate andauert, geht die Aktie in eine Konsolidierungsphase über

Boyd erzählte nun von seinen Erinnerungen an längst vergangene Tage, während er die Charakteristiken von Ausbrüchen erläuterte. Er sagte: „Als ich ein junger Mann und neu am Markt war, machte ich den Fehler, dass ich versuchte, eine Bewegung zu erwischen, *bevor* der Trend begann. Ich dachte immer, ich müsse einsteigen, noch bevor die Masse einsteigt. Das ist ein Fehler, den die meisten Menschen auf dem Markt immer noch machen. Es ist dieser menschliche Wesenzug, der für unseren Untergang verantwortlich ist. Ich brauchte Jahre und riesige, fast unüberwindbare Verluste, um zu begreifen, dass mehr Geld bei dem Versuch verloren ging, die Talsohle oder den Beginn einer Bewegung zu erwischen, als man sich überhaupt nur vorstellen kann."

„Erst nachdem ich mich jahrelang mit dem Markt beschäftigt hatte, wurde mir klar, dass ich kaufen muss, wenn die Bewegung definitiv begonnen hat und nicht eine Sekunde vorher. Ich musste ein überzeugendes Signal finden, dass eine ernsthafte Bewegung bewies. Es hat keinen Sinn, eine Bewegung vorwegzunehmen. Die Bewegung muss mit Sicherheit eingesetzt haben, bevor ich kaufe. Die Antizipation einer Bewegung ist eine weitere menschliche Schwäche, die die meisten Menschen an den Bettelstab bringt."

„Erst als mir ein Licht aufging und ich erkannte, dass eine Bewegung im Gange sein muss, bevor ich kaufen sollte, wurde mir klar, wie wichtig es ist, einen echten Ausbruch fest zu definieren. Damals erkannte ich den großen Unterschied zwischen einem tatsächlichen Ausbruch und einem solchen, der nur eine Eintagsfliege ist, nicht."

Ich fügte hinzu: „Ich kann erkennen, wann ein Aufwärtstrend bei einer Aktie offensichtlich ist. Offensichtlich haben Ihre Regeln und Ihre Definition heute dazu beigetragen, dies zu verdeutlichen. Den meisten Leuten fällt es jedoch schwer, zu warten, wenn sie sehen, dass eine Aktie sich nach oben bewegt. Die Momentum-Typen kaufen sich in eine steigende Aktie ein, ohne auf eine Reaktion zu warten. Beim ersten Anzeichen einer Reaktion werden die Momentum-Käufer die Aktie abstoßen. Was können Sie dazu sagen?"

Boyd antwortete: „Das hängt davon ab, was Sie vom Markt erwarten. Es ist ähnlich wie beim Golfen. Der Macho will die langen Schläge vom Tee vorführen. Es sind die Finesse und das Spiel auf kurze Distanz, die den Unterschied machen. Wenn Sie hier und da einen Drive zeigen und mit

Ihren Drives auffallen wollen, werden Sie einer unter Millionen sein. Aber um zu den Millionären zu gehören, müssen Sie eine hohe Präzision haben. Wenn Sie hier und da ein paar Punkte machen wollen, dann machen Sie ruhig weiter mit mit langen Drives. Aber wenn Sie das große Geld verdienen wollen, brauchen Sie die Finesse und die Geduld, um mit der Aktie und dem Markt zu arbeiten."

Neben der Definition eines tatsächlichen Ausbruchs und einer Aktie, die sich in einem Aufwärtstrend befindet, ging Boyd auch auf einige der bestätigenden Signale für eine profitable Aktie ein. Er fuhr fort: „Eine profitable Aktie ist eine, die uns Geld einbringt. Unabhängig davon, wie gut ein Unternehmen geführt wird oder wie gut seine Produkte sind, wenn man mit der Aktie kein Geld verdienen kann, ist die Aktie nutzlos. Ebenso ist es egal, wie schlecht ein Unternehmen geführt wird oder wie schlecht oder unrentabel seine Produkte sind, wenn die Aktie mir Geld einbringt, dann ist sie eine gute Aktie. Die einzige gute Aktie ist eine Aktie, die mir Geld einbringt. Wenn ich mit einer Aktie kein Geld verdienen kann, dann ist es eine miserable Aktie.

„Neben der Preis- und Volumenentwicklung achte ich auch auf weitere bestätigende Signale. Wie ich schon sagte: Bestätigung ist alles! Ein Trend beginnt nicht in einem Vakuum. Es braucht Zeit, um einen Trend zu beenden. Es braucht Zeit, um einen Trend zu beginnen. Und es braucht ebenso Zeit, um einen Trend zu ändern oder umzukehren. Daher muss jeder Wendepunkt bestätigt werden. Zu den üblichen Bestätigungssignalen gehören die Performance der Schwesteraktien und die Kurs-/Volumenentwicklung der Indizes."

Ich bat ihn zu erklären, was er mit einer „Schwesteraktie" meinte und Boyd antwortete: „Wenn die Geschäfte in der gesamten Hausbau- und

Wohnungsbaubranche angeblich gut laufen, müssen sich folglich auch alle Hausbauaktien gut entwickeln. Unter den vielen Hausbauaktien wird es ein oder zwei Zugpferde geben, die als erste ausbrachen und ihren Aufwärtstrend als erste begannen. Die übrigen Hausbauaktien sind Schwesteraktien, da sie zur gleichen Branche gehören wie die beiden führenden Aktien. Die ein oder zwei Zugpferde werden die Branche anführen, aber der Rest wird folgen und als Bestätigungssignal fungieren. Ich bin vorsichtig, wenn die Gruppe unter den Schwesteraktien keine Stärke zeigt. Wenn es keine Schwesteraktien gibt, handelt es sich entweder um eine Monopolaktie, die in einer Branche gut abschneidet, oder um eine Aktie, die in einer schwachen Branche herausragend performt. Wenn es eine Monopolaktie gibt, die in einer schwachen Gruppe gut abschneidet, könnte ich mich aufgrund ihres Monopolstatus trotzdem für diese Aktie interessieren. Wenn es jedoch keinen Monopolstatus gibt und wir eine führende Aktie in einer schwachen Gruppe sehen, zögere ich dennoch, eine solche Aktie als potenziellen Kauf zu betrachten."

Nach dem Mittagessen sprach Boyd weiter über das Preis-/Volumenverhalten, denn er schien verblüfft zu sein über den großen Widerstand der Leute, die Dinge auf das Wesentliche zu reduzieren. Er war erstaunt, dass ein aalglatter Redner mit den neuesten Gadgets und einer neu entdeckten Formel in Verbindung mit tollem Fachjargon sein neuestes Geheimnis zur Marktbeherrschung verkaufen konnte. Doch die Einfachheit, mit der man Gewinne erzielt, entging dem menschlichen Verstand. Selbst nach jahrzehntelanger Erfahrung an den Märkten schien Boyd immer noch verwirrt von der menschlichen Mentalität. Er konnte nie verstehen, warum jeder von uns das Bedürfnis hat, sich klug und dem Markt überlegen zu fühlen. Die Falle lag in dem Bedürfnis, überlegen zu sein, und dem Bedürfnis, sich klug vorzukommen. Dieses Bedürfnis wurde, wird und wird auch in Zukunft von der Maschinerie leicht und mit großem Erfolg ausgenutzt, um der Öffentlichkeit einen „neuen Weg, den Markt zu schlagen" zu verkaufen. Einfach ausgedrückt: Ein weiteres System, um schnell reich zu werden.

Ich habe Boyd auch auf das Thema der Fundamentalanalyse angesprochen. Nach dem Zusammenbruch des Internet- und Dotcom-Booms waren Umsätze plötzlich das Zauberwort. Heutzutage würden die Broker und die Insider einen guten Gewinnbericht hochjubeln, um eine Aktie zu bewegen oder um die Aktie an den Mann zu bringen. Boyd sagte: „Wieder einmal bin ich beeindruckt von den menschlichen Schwächen, die Verluste begünstigen. Auf dem Markt dreht sich alles um die Zukunft. Nichts hat mit der Gegenwart oder der Vergangenheit zu tun. Die Menschen kaufen heute Aktien, um sie in der Zukunft zu einem höheren Preis zu verkaufen. Mit anderen Worten, die Vergangenheit eines Unternehmens hat nichts mit dem zukünftigen Preis einer Aktie zu tun. Ebenso wenig hat die Gegenwart etwas mit dem Preis einer Aktie zu tun. Alles dreht sich um die Erwartung des zukünftigen Wachstums. Das Gewinnwachstum der Vergangenheit hat nichts mit der Zukunft zu tun. Nur die erwarteten Gewinne sind wichtig."

Es war bereits spät an diesem Nachmittag. Also beschloss ich, noch eine letzte Frage zu stellen: „Sie haben mehrfach gesagt, dass man nur das Preis-/Volumenverhalten kennen muss und dass man sich auf 5 oder 7 Trades pro Jahr beschränken sollte. Wie kann man eine solche Aufgabe bewältigen?"

Boyds Antwort war einfach und klar. Er erklärte: „Es muss eine Reihe von Regeln geben, die mich so lange in profitablen Märkten halten, wie die guten Bedingungen fortbestehen - nicht einen Tag länger. Ebenso müssen diese Regeln mich von unprofitablen Märkten fernhalten, solange schlechte

Bedingungen herrschen - auch hier nicht einen Tag länger. Am wichtigsten ist, dass die Regeln, die mich im Markt investiert halten dieselben sind, die mich unter negativen Voraussetzungen vom Investieren abhalten. Es kann nicht zwei Arten von Regeln geben - eine für gute Märkte und eine für schlechte Märkte. Es ist unmöglich, zwei Regelwerke erfolgreich zu nutzen, da sie sich widersprechen würden. Zudem ist es schwer genug, sich an ein Regelwerk zu halten, also sollten wir allein deshalb von einem zweiten Abstand nehmen."

„Warum gehen wir nicht in den nächsten Tagen die Regeln einzeln durch? Kurz gesagt versuche ich jedoch immer, meine Trades auf einfache Weise zu begrenzen, indem ich beim Ausbruch ungewöhnliches Volumen voraussetze. Was ist ungewöhnlich? Ich verlange, dass mein potenzieller Kauf das durchschnittliche tägliche Handelsvolumen innerhalb der ersten Handelsstunde aufweist. Und warum? Nun, indem ich ein solch ungewöhnlich hohes Volumen voraussetze, beschränke ich mich automatisch auf eine Handvoll Trades in einem Jahr. Ich werde dies in den kommenden Tagen näher erläutern."

Zusammenfassung:

Es muss gewährleistet sein, dass der Unterschied zwischen einem tatsächlichen Ausbruch und einem gewöhnlichen klar definiert ist. Zudem müssen die Voraussetzungen eines Aufwärtstrends und dessen Konsolidierungsphase verinnerlicht werden. Hinzu kommen Regeln und Maßnahmen, die verhindern, dass menschliche Schwächen das eigene Handeln bestimmen.

KAPITEL 9

NUTZLOSE CHARTMUSTER - WEN SCHERT'S?

Als ich am nächsten Morgen zu Boyds Haus fuhr und mich zu ihm an den Pool aufmachte, bemerkte ich, dass er einen Stapel voller Kurscharts vor sich hatte. Ich hielt mich zwar für einen Experten in Sachen Charts, aber ich wusste genug über den Markt, um zu realisieren, dass ich auch unmöglich bereits alles wissen konnte. Nachdem wir uns begrüßt hatten, fragte ich Boyd: „Geht es heute nur um Charts?" Er lächelte, nickte und sagte: „Wie bei allen marktspezifischen Dingen geht es auch bei den Charts um Ausgewogenheit und Bestätigungen. Es existiert nicht nur eine magische Antwort auf unsere Fragen, aber Charts sind definitiv ein wichtiger Teil des Puzzles. Ich werde einige der Kommentare, die ich vor ein paar Tagen abgegeben habe, noch einmal gründlich durchdenken, denn ich habe gelernt, dass wir Menschen ein verdammt kurzes Gedächtnis haben. Wiederholungen sind unsere einzige Waffe gegen unsere menschlichen Schwächen und Neigungen beim Börsenhandel."

Er fuhr fort: „Es existiert seit langem ein Konflikt zwischen denjenigen, die sich auf Charts verlassen, um die Botschaften des Marktes zu erkennen, und den anderen, die auf Wirtschaftsindikatoren schauen, um die Richtung abzuschätzen. Und auch in Bezug darauf, welcher Stellenwert (falls überhaupt irgendeiner) den Charts zugestanden werden muss. Ich habe in den letzten Jahrzehnten beide Wege beschritten - und meine Erfahrung hat immer wieder bewiesen, dass eine „richtige Chartinterpretation" von unschätzbarem Wert ist. Abgesehen davon, dass man aus Erfahrung lernt, ist es für diejenigen unter uns, die sich ein wenig mit den Big Playern auskennen, klar, dass kein Einzelner auf diesem Planeten die Rechercheergebnisse dieser Leute übertreffen kann. Alle, die an der Wall Street oder in dessen Umfeld arbeiten, wissen genau, dass die Big Player etliche Büros unterhalten, die ausschließlich für solche Recherchen da sind. Die Goldmans, Lehmans und Bear Stearns dieser Welt unterhalten nicht nur viele Büros und unzählige Mitarbeiter, sondern auch ganze Stockwerke voller Forschungsabteilungen. Keiner von uns kann in dem Bereich das leisten, was diese Platzhirsche vollbringen. Sie verfügen über die gebildetsten, schlausten, erfahrensten, technisch versiertesten, charttechnisch begabtesten und rationalsten Köpfe, die jede Bilanz auseinandernehmen, jedes Wirtschaftsmodell studieren, jede ökonometrische Projektion erstellen und jedes Diagramm lesen, mit jedem CEO der von ihnen analysierten Unternehmen sprechen, diese Unternehmen besuchen, Marktforschung über die Konkurrenz betreiben und so weiter und so fort... Trotz all dieser Arbeit, den Investitionen in menschliches Talent und in die technologische Ausrüstung schlagen nur etwa 10-15% der Big Player am Ende den Markt. Sie haben zwar etliche Vorteile, aber auch einen großen Nachteil: Wenn sie Engagements eingehen, müssen sie diese über Monate und Jahre hinweg aufbauen und vorbereiten. Und wenn sie dann ihre Positionen liquidieren, müssen sie das ebenso über Monate und Jahre hinweg tun. Das liegt an der großen Menge an Kapital, das sie verwalten. Solche Fonds können nicht an einem Tag, einer Woche oder einem Monat auf- oder abgebaut werden. Dieses eine einzige Problem allein egalisiert deren Vorteile und macht das Spiel für individuelle Spekulanten wie uns fair. Leute wie wir haben den Vorteil, dass wir so lange in Cash bleiben können, wie wir wollen oder eben, solange die Profitchancen gering sind. Wir können leicht ein- und aussteigen, ohne den Markt damit gleich zu bewegen."

„Der größte Vorteil, den wir haben, ist, dass wir 'sehen' können, welche Maßnahmen die Big Player ergreifen, nachdem sie alle ihre umfangreichen Recherchen durchgeführt haben. Genau das 'sehen' wir an den Charts. Das ist ein Grund und ein gewichtiger noch dazu, dass ich so viel Wert auf die Fähigkeiten eines guten Chartanalysten lege. Doch wie überall gibt es auch in diesem Bereich gute und weniger gute Leute. Die guten stellen sicher, dass sie nicht etwas herauslesen, was gar nicht existent ist. Die schlechten sehen eher das, was sie sehen wollen, als das, was wirklich erkennbar ist. Das ist ein schmaler Grat, der selbst von den erfahrensten Experten leicht überschritten wird. Die big Player haben bereits alle möglichen technischen Studien durchgeführt, die es gibt, und sie haben sogar veranlasst, von denen niemand genaue Kenntnis hat und die nur intern bekannt sind. Basierend auf all diesen Studien handeln sie dann (sie kaufen, verkaufen, halten, oder liquidieren) und diese Handlungen werden auf den Charts sichtbar - wenn man nur weiß, wie man sie richtig erkennt."

„Na schön", könnte man meinen, „aber die großen Fische lesen doch auch diese Charts. Sie sehen also, was wir sehen. Und sie interpretieren daraus, was wir interpretieren. Sollten sie dann nicht ein paar Ablenkungsmanöver starten, um das Bild zu verzerren und Leute wie uns zu verwirren? Natürlich tun sie das! Solche Ablenkungsmanöver werden 'Fakeausbrüche' oder 'Shakeouts' genannt. Aber hier ist das Ding.... Chartanalyse ist ein Bereich, in dem wir besser sein können als die großen Fische. Aufgrund der Art und Weise, wie sie ihre Positionen aufbauen und wieder liquidieren müssen, treten diese 'Fakeausbrüche' unter guten Marktbedingungen selten, jedoch unter schlechten Bedingungen reichlich auf. Folglich bestätigen sie die Marktsignale durch deren Handeln, egal was sie tun, ganz egal unter welchen Marktbedingungen."

„Erinnern Sie sich noch an den Vergleich, den ich zwischen dem Börsenhandel und einer Schatzsuche angestellt habe? Jeder Teilnehmer verfolgt das gleiche Ziel... den Schatz zu bergen! Jeder erhält eine Reihe von Hinweisen, um mit dem Spiel zu beginnen. Einige sind besser darin als andere, die Hinweise zu entschlüsseln und sich von einem Punkt zum anderen zu bewegen. Jeder Meilenstein bietet neue, zusätzliche Hinweise, die zum nächsten führen, sofern der Hinweis richtig entschlüsselt wurde. Auf dem Weg zum Ziel gibt es an einigen Meilensteinen trügerische Hinweise, die nur der Ablenkung dienen. Wir wissen, dass Ablenkungsmanöver platziert werden, um die Verfolger zu verwirren, und es ihnen schwer zu machen, der Fährte zu folgen. In ähnlicher Weise werden dann manipulierte Hinweise implementiert, um die Konkurrenz aus der Bahn zu werfen. Einige Teilnehmer sind besonders schlau und deuten jeden einzelnen Hinweis richtig. Sie ignorieren die manipulierten Hinweise und erreichen den Schatz schließlich als Erste und damit am schnellsten. Diese Teilnehmer sind extrem selten und es gibt nicht viele von ihnen. Es gibt aber eine zweite Gruppe, die ebenfalls ziemlich clever ist, allerdings nicht ganz so clever wie die erste Gruppe. Diese Verfolgergruppe entschlüsselt einige der Hinweise selbst, aber sie neigt auch dazu, der ersten Gruppe zu 'folgen' und kann so in Reichweite der Spitzengruppe bleiben. Diese weiß, dass die Verfolgergruppe ihr dicht auf den Fersen ist, und so versucht sie, die zweite Gruppe abzuschütteln und aus dem Konzept zu bringen. Schließlich erreicht aber auch die Verfolgergruppe den Schatz - wenn auch etwas später als die Spitzengruppe. Diese beiden Gruppen holen sich den größten Teil des Schatzes. Der Rest der Teilnehmer ist entweder mittelmäßig, unterdurchschnittlich oder völlig ahnungslos. Wir gehören zur zweiten Gruppe... denn wir 'verfolgen', was das smart Money macht, indem wir deren Aktionen auf den Charts nachvollziehen... und indem wir selbst einige der Hinweise lösen.”

Ich wusste, dass Boyd ein großartiger Chartanalyst war. Deshalb bat ich ihn, die Grundlagen und das Wesentliche der Chartanalyse zu erläutern. Wie bei den meisten handelsbezogenen Fertigkeiten besteht die größte Gefahr immer darin, eine vermeintliche Antwort zu erkennen, die es schlicht nicht gibt. Die Fähigkeit, Charts richtig zu lesen, entwickelt sich über Jahre hinweg, indem man diese immer und immer wieder akribisch analysiert. Es ist langwierig, langweilig und obendrein schmerzhaft für die Augen. Aber von all diesen Fähigkeiten, die man sich aneignen kann, ist eine korrekte Chartanalyse am ehesten wie das Erlernen des Fahrradfahrens. Einmal verinnerlicht, geht diese Fähigkeit nie wieder verloren. Man kann zwar ein wenig einrosten, wenn man keine Praxis hat, dieser Rost verschwindet jedoch auch wieder, sobald man erneut zu üben beginnt.

Es sind viele Bücher über Charts und technische Analyse auf dem Markt erhältlich. Einige sind sehr gut, doch die meisten eher weniger. William Jiler's “How charts can help you in the stock market” Buch, das er vor Jahrzehnten geschrieben hat, ist das wohl Beste aus dieser Reihe.

Boyd erläuterte: „Ich habe mitangesehen, wie sich einige der klügsten Köpfe mit ihren Shortpositionen an den Märkten verspekuliert haben, weil sie nicht den erforderlichen Respekt vor den Charts hatten. Viele sind so vermeintlich clever, dass ihnen der charttechnische Hokuspokus wie Elliot Wave, Fibonnacci, MACD, Stochastik, Bollinger-Bands usw. keinerlei

Probleme bereitet und sie deshalb den Respekt vor der schlichten Preis-/ Volumenentwicklung verloren haben. Solche oberschlauen Leute haben ihr Vermögen verloren, weil sie irgendwelchen pseudotechnischen und hochmodernen wissenschaftlichen Studien vertraut haben, obwohl die Antwort immer klar und einfach und direkt vor uns lag. Wir Menschen haben diese unheimliche Fähigkeit und den Wunsch, selbst die einfachsten Aufgaben unnötig zu verkomplizieren. Wir tun dies, weil wir uns selbst und anderen beweisen wollen, dass wir klüger sind als es tatsächlich der Fall ist."

„Wie alles andere an der Börse kann auch die Chartanalyse entweder auf das Wesentliche vereinfacht oder übermäßig verkompliziert werden. Ich glaube fest daran, dass es das Beste ist, die Dinge einfach zu halten und ich mag es nicht, sinnlos verwirrt zu werden. Sobald meine Blicke zu glasig werden, weiß ich, dass ich ein Problem habe. Deshalb achte ich darauf, alles so schlicht wie möglich zu halten. Beim Lesen von Charts verwirrt es mich bereits, wenn ich mir die Tages-Charts ansehe. Tages-Charts sind zu unbeständig. Sie bilden viel zu viel Volatilität ab und tragen zu gegensätzlichen Interpretationen bei. Ich verlasse mich ausschließlich auf Wochencharts, diese sind viel weniger volatil. Zudem muss ich nicht auf den ganzen Fachjargon achten, den diese Leute verwenden, wie z.B. Cups, Handles, Wedges, Flags, Head- & Shoulders-Markierungen, Neck-Lines uvm. Diese mögen ihre Daseinsberechtigung haben oder auch nicht. Wahrscheinlich ist das etwas für die Daytrader. Ich bin keiner von denen. Daher sind diese Chart-Muster für mich bedeutungslos. Die einzige Chartformation, auf die ich achte, ist hier ersichtlich."

Zu diesem Zeitpunkt zeichnete er die nachstehende Skizze, die als Abbildung 9 nachempfunden ist. Diese ist dieselbe wie Abbildung 8b, jedoch mit dem Handelsvolumen, das zusammen mit den Preisen angezeigt wird. Die Einfachheit, mit der Boyd diese Chartabbildung erklärte, hat mich überrascht. Er wies auf den vorherigen Aufwärtstrend hin und sagte: „Das ist für mich ein absolutes Muss! Ich muss sicher sein, dass diese Aktie ihre Fähigkeit zum Kursanstieg bereits nachgewiesen hat, zudem muss diese Kursbewegung mit einem erhöhten Volumen einhergegangen sein. Das sagt mir, dass es ein großes Kaufinteresse an der Aktie gibt. Wenn eine Aktie ein solches Kaufinteresse hervorruft, ist es unwahrscheinlich, dass sie plötzlich abverkauft wird. Sobald der Aufwärtstrend für eine Konsolidierungsphase gestoppt wurde, muss sich auch das Handelsvolumen abkühlen. Je mehr das Volumen in dieser Phase schrumpft, desto besser für die Aktie. Wenn das Volumen in der Konsolidierung abnimmt, nachdem der Kurs einer Aktie aufgrund erhöhten Volumens zuvor gestiegen ist, bedeutet dies, dass die Käufer, die während der Aufwärtsphase zugeschlagen haben, nicht bereit sind, sich hier zu trennen. Eine Konsolidierung bei geringem Volumen deutet auf höhere zukünftige Preise hin, da alle Käufer ernsthaft vom zukünftigen Aufwärtstrend der Aktie überzeugt sind."

Abbildung 9. Ein realer Ausbruch mit relevanter Preis/Volumen-Bewegung

1 = steigendes Volumen während des vorherigen Aufwärtstrends

2 = Volumenrückgang während der Konsolidierungsphase

3 = das Volumen steigt auf den höchsten Stand in der gesamten Handelsvolumenshistorie der Aktie

4 = Preisspanne des vorherigen Aufwärtstrends

5 = Konsolidierungsphase - der Höchstkurs in dieser Phase markiert den „Widerstand", bis die Aktie über diesen Kurs hinweg ausbricht. Sobald der Kurs dieses Plateau durchbricht, wird dieses zum „Boden", der normalerweise nicht mehr unterschritten wird.

6 = Wiederaufnahme des Aufwärtstrends

„Je enger die Preisspanne während der Konsolidierung verläuft, desto besser. Dies trägt zu der Interpretation bei, dass niemand bereit ist, die Aktie zu verkaufen. Bei einer perfekten Investition würde die Preisspanne während der Konsolidierungsphase nicht mehr als 10-20% betragen und das Handelsvolumen würde währenddessen deutlich zurückgehen, für mindestens ein oder zwei Wochen, in denen das Handelsvolumen deutlich unter 50% des normalen wöchentlichen Volumens aufweist. Und sobald diese Aktie dann ihr vorheriges Volumenhoch durchbricht, hat sie psychologisch gesehen eine Obergrenze oder den oberen Widerstand überwunden. Sobald ein realer Ausbruch wie dieser stattfindet, wird diese Obergrenze zum zukünftigen Boden für den Kurs. Ein solcher Ausbruch wird nicht wieder unterschritten und damit beginnt ein wirklich signifikanter Aufwärtstrend."

Die Charttheoretiker hingegen werden verwirrt und fallen allen möglichen Ablenkungen zum Opfer, indem sie den Formen, Mustern und vordefinierten Formationen auf Tages-Charts zu viel Aufmerksamkeit schenken. Tages-Charts werden häufiger falsch interpretiert als Wochen-Charts. Außerdem möchte ich kein Muster definieren und nicht in eine Falle tappen, wenn ich auf Tages-Charts nach Signalen suche. Das Kurs-/ Volumenverhalten während des vorangegangenen Aufwärtstrends und während der Konsolidierungsphase ist viel wichtiger als diese vordefinierten Formen und Muster, auf die sich die meisten technischen Chartanalysten verlassen."

„Ich bin kein großer Fan von den Cups, Wedges und Flags, auf die viele eingefleischte Charttheoretiker zurückgreifen. Ich interpretiere das Gesamtbild auf meine Weise. Jeder sieht vielleicht dasselbe Bild vor sich - jedoch auf unterschiedliche Weise. Durch die Verwendung von Mustern und Formationen zur Definition eines Charts sehen selbst die erfahrensten

Analysten ein verzerrtes Bild vor sich. Ich möchte genau dieser verzerrten Wahrnehmung entgehen. Deshalb verlasse ich mich auf die simpelsten Indikatoren der Chartanalyse und das ist die reine Preis- und Volumenentwicklung anhand der Wochencharts."

Ich dachte, das sei wohl etwas zu vereinfacht und sprach Boyd genau darauf an. Seine Antwort war unmissverständlich. Er sagte: „Das ist der springende Punkt. Ich möchte niemals auf etwas hereinfallen, was nicht da ist. Um das zu erreichen, muss ich die Dinge auf das Simpelste herunterbrechen. So kann ich sicherstellen, dass ich nicht in die zahlreichen Fallen tappe, die der Markt mir stellt."

Zusammenfassung:

Zu beachten ist die Preis- und Volumenentwicklung auf den Wochencharts. Wir sollten auf keinerlei Fehlinterpretationen hereinfallen. Die Voreingenommenheit, das sehen zu wollen, was man zu sehen wünscht, ist weitaus verbreiteter, als man sich vorstellen kann. Unsere Chartanalyse wird durch stete Übung mit der Zeit besser. Eine Aktie muss während ihres Aufwärtstrends ein hohes Volumen aufweisen, um nachzuweisen, dass tatsächlich ein großes Kaufinteresse besteht. Eine Aktie sollte konsolidieren oder bei geringem Handelsvolumen „ruhen", um sich sein zu können, dass es keine nennenswerten Liquidierungen gibt. Ein dann folgender Ausbruch zu neuen Kurshochs muss schließlich bei ungewöhnlich hohem Kaufvolumen erfolgen.

KAPITEL 10

AUSBRÜCHE SIND EINE GUTE WETTE

Boyd war zwar nicht allzu sehr daran interessiert, die so genannten Definitionen spezifischer Muster zu erläutern und eher darauf erpicht, das Wesentliche der Charts zu erläutern, aber er erwähnte, dass echte Ausreißer-Formationen eine gute Wette sein können. Ein solchr Ausreißer ist per Definition eine Aktie, die mit extrem hohem Volumen ausbricht. Diese weist in der Regel das höchste Tagesvolumen ihrer Geschichte auf, während sie neue Allzeithochs erreicht. Eine solche Bewegung wird durch die Volumenexplosion noch verstärkt, sobald die Aktie in den Bereich eines neuen Allzeithochs vorstößt. Ein "Gap-Up", bzw. eine Lücke, ist ein Kursbereich, der von einer Aktie aufgrund einer enormen Kaufnachfrage quasi übersprungen wird. Ein solcher Ausreißer wird in der Abbildung 10 untenstehend skizziert.

Abbildung 10. Ein offensichtlicher Ausbruch

1 = lange seitwärts verlaufende Bodenbildung

2 = starker Aufwärtstrend, der begonnen hat, neue Kurshöchststände zu erreichen

3 = Konsolidierungsphase

4 = Gap-Up/Lücke

5 = fortgesetzter Aufwärtstrend, der nach der Konsolidierungsphase wieder eingesetzt hat

6 = geringes Volumen während der Konsolidierung

7 = höchstes Handelsvolumen der gesamten Handelsgeschichte dieser Aktie

Das vorherige Bodenbildungsphase und der anschließende Aufwärtstrend sind klar zu erkennen und zu verstehen, da diese Themen bereits in früheren Lektionen behandelt wurden. Es ist jedoch der spezifische Zeitpunkt, der bei Ausbrüchen einzigartig ist. Im gezeigten Beispiel stellen wir fest, dass das Handelsvolumen der Aktie am Tag des Ausbruchs das höchste ist, das jemals an einem Handelstag erreicht wurde. Der Kurs selbst klettert dabei auf ein neues Allzeithoch. Die Aktie springt hoch, wenn am Vortag zu einem Preis geschlossen wurde, der erkennbar innerhalb der Bodenbildungspreisspanne lag. Der Eröffnungskurs am Tag des Ausbruchs liegt jedoch bereits deutlich darüber und in der Regel (aber nicht immer) markiert der Eröffnungskurs auch die Nähe des Tiefstkurses für den Ausbruchstag. Der eigentliche Kursausbruch wird von einem explosiven Volumen begleitet, da die Aktie in der Regel mit dem Sechs- bis Zehnfachen (oder mehr) ihres durchschnittlichen Tageshandelsvolumens gehandelt wird. Noch bemerkenswerter fällt die Bestätigung auf den Wochencharts der Aktie aus, da das wöchentliche Handelsvolumen gleichfalls das höchste wöchentliche Volumen in der gesamten Handelsgeschichte dieser Aktie sein wird.

Wie bei allen echten Gewinneraktien ist der effektive Handel während eines solchen Ausreißers jedoch nicht ganz einfach. Mitunter können Kursmarken angetestet werden, die bis zu 10% unter dem Tief des Gap-Up-Tages liegen. Das bedeutet, dass ein standardmäßiger Stop-Loss von 10 % mehrmals angepasst werden kann, bevor der eigentliche Aufwärtstrend einsetzt. Bei Ausbrüchen würde Boyd daher einen Stop-Loss-Kurs von bis zu 15% unterhalb des Kaufkurses zulassen. Da die erste eröffnete Position in Fiatbeträgen minimal wäre, würde diesem Testkauf dieser zusätzliche Spielraum guttun, da die Chancen auf eine wirklich große Bewegung nach oben bei realen Ausbrüchen signifikant sind.

Wie bei allem anderen an der Börse ist es aber auch hier erforderlich, dass ein professioneller Spekulant die nötige Distanz bewahrt und jeden Gap-Up einzeln bewertet. Zudem sollte man die Definition eines realen Ausbruchs sehr genau nehmen. Nicht jedes Gap-Up und nicht jede große Volumenexplosion bedeutet gleich einen bedeutenden Ausbruch mit folgender Hausse. Jede Situation ist einzigartig und die einzige klare Definition lautet wie folgt in Abbildung 10. Wie Boyd zu betonen pflegte, ist es von größter Wichtigkeit, nie etwas sehen zu wollen, was nicht real ist.

Hinzu kommt, dass ein Ausbruch die folgende Hausse nicht an einem Tag oder in einer Woche vollzieht. Dies kann sich über Monate hinziehen. Wie effektiv und erfolgreich man den Ausbruch also handelt und wie erfolgreich man in der Lage ist, ihn zu nutzen, wird die tatsächliche Rendite solcher potenziell explosiven gehandelten Marktbewegungen bestimmen.

Zusammenfassung:

Ausbrüche sind also solide Wetten, wenn man sie früh platziert - kurz bevor oder kurz nachdem ein realer Aufwärtstrend begonnen hat. Wenn wir solche explosiven Kursbewegungen effektiv zu nutzen vermögen, brauchen Sie während eines kompletten Marktzyklus nur sehr wenige weitere Trades, um die Performance der großen Indizes deutlich zu schlagen. Obwohl Ausbrüche solide Wetten sind, ist es sehr wichtig zu lernen, wie man sie korrekt handelt. Ausbrüche gegen Ende eines Marktzyklus deuten in der Regel auf einen Kurswert hin, der sich bereits nahe des oberen Endes der Fahnenstange befindet. Wir müssen also miteinbeziehen, wo sich der Marktzyklus als Ganzes befindet, bevor wir eine wirklich signifikante Position in Erwägung ziehen.

KAPITEL 11

REGELN & GRUNDLAGEN ERFOLGREICHER SPEKULATION

Es gibt unzählige Anbieter, die behaupten, ein spezielles System zu haben, welches den Markt schlägt. Sie alle behaupten, diese These durch „Backtesting" bewiesen zu haben. Backtesting ist nichts anderes als eine Spielerei, um riesige Renditen anpreisen zu können. Dies bedeutet, dass die Kauf- und Verkaufspunkte dieser Systeme so angegeben werden, dass sie zur Entwicklung einer Aktie oder einer Gruppe von Aktien passen, die ihre Entwicklung bereits hinter sich haben. Was der Durchschnittstyp nicht realisiert, ist, dass man jedes beliebige Programm entwickeln und eine Reihe von Aktien finden kann, die *im Nachhinein* zu diesem Programm „passen". Es ist eine Tatsache, dass kein vergleichbares System solche Marktbewegungen vorab prognostiziert, noch zeigen sie eine wirklich heiße Aktie während der Aufwärtsbewegung.

Wenn man nur über das Offensichtliche nachdenkt, würde einem klar werden, dass, wenn es ein solch erfolgreiches System gäbe, der Programmierer sein Geld beim Börsenhandel mithilfe seines Systems verdienen würde, anstatt zu versuchen, dieses an den Mann zu bringen.

Doch wie Boyd in einer seiner ersten Lektionen bereits erklärt hatte, werden wir, solange wir nach der magischen Zauberformel suchen, die den Markt zuverlässig schlägt, zwangsläufig auf der Nase landen. Je eher wir begreifen, dass es Zeit, harte Arbeit, Disziplin, Geduld und viele Jahre des Lernens erfordert, um profitabel zu spekulieren, desto eher können wir uns darauf vorbereiten, das Cleverste anzuvisieren, was es gibt - nämlich den Markt als solches.

Unter all den Lektionen, die wir erlernen müssen, um beim Spekulieren erfolgreich zu sein, ist eine der wichtigsten davon die des Geldmanagements. Dies ist eine ebenso wichtige Komponente wie jede andere relevante, um in einem profitablen Markt solide Profite zu erzielen und sich unter schlechten Marktbedingungen aus Schwierigkeiten herauszuhalten. Geldmanagement ist aber auch eine der schwierigsten Lektionen, die es zu lernen gilt. Die größten Hindernisse beim Erlernen der Grundsätze sind die üblichen Verdächtigen - Gier, Angst, Hoffnung, Übermut, Arroganz, Wunschdenken, mangelndes Selbstvertrauen und Verzweiflung. Das Gute an diesen großen Stolpersteinen ist, dass sie alle nur menschliche Schwächen sind. Die Überwindung menschlicher Schwächen stellt zwar eine enorme Herausforderung dar, aber es ist machbar, diese Schwächen mit Hilfe von Regeln zu überwinden. Diese Regeln sind immer bindend, um menschliche Fehler zu vermeiden.

Der Marktteilnehmer sollte zuallererst die Tatsache akzeptieren, dass es nur zwei Elemente beim Börsenhandel gibt. Das eine ist das „gewinnende Element" und das andere ist das „menschliche Element". Es ist für die meisten von uns offensichtlich, dass alle großen Verluste, die man am

Markt erleben kann, auf das „menschliche Element" zurückzuführen sind. Ebenso sind alle großen Profite am Markt auf das „gewinnende Element" zurückzuführen. Als Boyd weiter erklärte, wie ein erfolgreicher Spekulant vorgeht, erwähnte ich ihm gegenüber, dass ich einige Klarstellungen bezüglich dieser beiden Aspekte hören möchte.

Wie üblich waren seine Erklärungen einfach. Die einfache Antwort ist, dass „das gewinnende Element" der Teil des Handelns eines Spekulanten ist, der zu großen Profiten in profitablen Märkten, kleinen Gewinnen unter mittelmäßigen Marktbedingungen und zu geringen oder keinen Verlusten in unprofitablen Märkten führt. Die simple Erklärung des „menschlichen Elements" ist der Teil der Handlungen eines Anfängers, der in profitablen Märkten zu kleinen Gewinnen, in mittelmäßigen zu großen Verlusten und in schlechten Märkten zu völliger Pleite führt.

Der Markt kann nur eines von fünf Ergebnissen ermöglichen - große Gewinne, kleine Gewinne, Plus-Minus-Null, kleine Verluste oder große Verluste. Das „gewinnende Element" ist verantwortlich für große Gewinne, kleine Gewinne, ausgeglichene Ergebnisse und kleine Verluste. Das „menschliche Element" ist für kleine Gewinne und große Verluste zuständig. Da es am Markt nur zwei Elemente gibt, müssen wir uns darauf konzentrieren, so viel wie möglich darüber zu verstehen. Danach müssen wir lernen, alles, was wir über das „gewinnende Elemente" wissen, zu akzeptieren und danach zu handeln. Gleichzeitig müssen wir lernen, so viel wie möglich über das „menschliche Element" zu lernen und dieses tunlichst zu vermeiden.

Im Zeitalter von Computern und Software gibt es zahlreiche Mythen und ein großes, fehlgeleitetes Segment von Marktteilnehmern, die glauben, dass ein System oder eine Software eine Antwort darauf ist, das „menschliche Element" zu umgehen. Diese Programme sind nur eine weitere Masche der Wall Street-Maschinerie, um uns Leichtgläubigen die magische Zauberformel auf dem Weg zum Reichtum anzudrehen. Es existieren eben keine magischen Lösungen. Die Antworten liegen tatsächlich in jedem von uns selbst verborgen. Wir müssen so viel wie möglich über uns selbst herausfinden und all unsere Schwächen und Stärken als Menschen kennenlernen. Wenn wir erst einmal wissen, wer wir sind und was unsere Persönlichkeit ausmacht, dann können wir eine Reihe von Regeln aufstellen und befolgen, die uns in schlechten Zeiten aus Schwierigkeiten heraushalten und uns in guten Zeiten aussichtreich in Position bringen.

Boyd fuhr fort, dass die Regeln, die er befolgte, und die Regeln, die er seinen Lesern empfahl, für ihn und für Menschen mit einer Persönlichkeit wie der seinen funktionierten. Ich bat ihn, zu erläutern, wie er seine Persönlichkeit beschreiben würde. Wieder einmal waren seine Worte einfach und direkt auf den Punkt gebracht. Er sagte, er sei ein Spekulant und würde sein Geld nur dann einsetzen, wenn die Wahrscheinlichkeit eines lukrativen Profits hoch sei. Er würde kleine Positionen eröffnen, um zunächst den Nachweis zu erbringen, dass seine Analyse zuträfe. Wenn er mit seinen kleinen Testkäufen Geld verdiente, würde er seine Positionen vorsichtig aufstocken. Dabei würde er immer darauf achten, dass er Trailing-Stops platziert, um sicherzustellen, dass er bei einer profitablen Investition keine Verlsute mache. Sollten diese Testkäufe einen Verlust nach dem anderen einfahren, indem die Stop-Loss-Orders auslösen, zöge er sich zurück, bis er sicher sein könne, dass sich die Bedingungen verbessert hätten. Er wollte dem Markt nie mehr als nur einen unbedeutenden Betrag von dem zurückgeben, was er diesem zuvor abgerungen hatte. Vor allem verließ er sich nie auf jemand anderen als auf sich selbst. Er ging immer von der Annahme aus, dass die Marktlage unprofitabel sei. Es lag dann am Markt, ihm das Gegenteil zu beweisen und ihn davon zu überzeugen, dass die Bedingungen passen, bevor er große Summen in seine Positionen investieren konnte.

In diesem Moment begann Boyd, sich mit seinen Spekulationsregeln zu beschäftigen. Bevor ich es merkte, sprach er bereits über seine erste Regel "verbrenne dich nicht". Obwohl er diesen Punkt schon vorher erklärt hatte, ging er nun Schritt für Schritt intensiver auf seine Regeln ein.

Die erste Regel eines Spekulanten - verbrenne dich nicht

Obwohl es einfach scheint, sich dies aufzuerlegen, fällt es den meisten Anfängern schwer, diese Regel umzusetzen und zu befolgen. Für erfahrene Marktteilnehmer ist dies eine Selbstverständlichkeit, über die sie keine Sekunde nachdenken müssen. In früheren Lektionen hatten wir bereits besprochen, dass der durchschnittliche Marktteilnehmer, der zum ersten Mal am Markt handelt (oder jeder andere, der nach schnellem Reichtum sucht), ein riesiges Schild mit sich herumträgt. Die Nachricht wird an alle Geier da draußen übermittelt, dass eine neue Kapitalquelle am Markt eingetroffen ist. Die Aasgeier kreisen über uns und suchen nach dem nächsten Stück Fleisch, das sie verschlingen können. Sobald die Geier die Nachricht erhalten, dass frische Beute eingetroffen ist, stürzen sie sich darauf und greifen schnell an.

Sobald man ein Konto eröffnet, werden einem plötzlich alle möglichen Informationen angeboten - gute, schlechte und indifferente. Die Informationsflut ist enorm! Der Zirkus und die damit verbundene Ablenkung sind deshalb ebenso immens. Die Entscheidung, das Handelskapital schnell zu investieren, wird nahegelegt, angepriesen, empfohlen und in verschiedenen

Formen gar erzwungen. Diese reichen von subtilem bis zu übermächtigem Druck. Bei einem solchen Bombardement an Informationen hat kaum jemand eine Chance, dem Ansturm der Geier zu entgehen.

Boyd sagte, dass der erste Test für die meisten Neueinsteiger darin besteht, sich selbst zu kontrollieren und zu testen, ob sie mindestens einen Zeitraum von drei Monaten durchhalten können, ohne überhaupt eine Position zu eröffnen. Sollten sie diese Phase überstehen, ohne einen Cent ihres Handelskapitals anzutasten, haben sie zuünftig vielleicht eine Chance, den Markt zu schlagen.

Erfolgreiches Spekulieren ist nicht einfach und erfordert eine ganz besondere Mentalität. Eine solche Mentalität ist den meisten einfachen Leuten nicht gegeben. Da es eine Tatsache ist, dass mehr als 80% der Leute, die sich an den Markt wagen, auf lange Sicht Verluste erzielen, kennen die Geier keine Gnade. Sie werden das Tradingkonto fleddern, bis nichts mehr übrig ist. Und da nur einer von fünf am Ende eines 10-Jahres-Zyklus im grünen Bereich ist, haben die Geier auch keinerlei Anreiz, ihre Beute vor dem drohenden Untergang zu warnen, denn in diesem Umfeld der Gnadenlosigkeit muss der Geier, der es wagt, die Beute zu warnen, hungern.

In der langen Geschichte des Aktienmarktes hat fast jeder irgendwann einmal Geld mit einer Investition verdient. Darin besteht also nicht die Hürde, auch wenn das die Erinnerung schmückt. Es ist eine Tatsache, dass die meisten mehr zurückgeben, als sie jemals herausziehen werden. Doch das Negative bleibt nicht in Erinnerung, denn die meisten werden ihre Verluste verdrängen. Sie werden sich stattdessen an diesen einen seltenen Gewinn erinnern und sich daran orientieren, um dies zu wiederholen, obwohl sie entlang des Weges zahlreiche Verluste erlitten haben. Genau diese

Verluste beweisen, dass solche Gewinne nur selten zu erzielen sind. Das ist eine effiziente Falle, die der Markt da aufgestellt hat - mit Brosamen zu locken und dann den Stachel so zu setzen, dass den meisten Konten der Garaus gemacht wird.

Niemand rät einem jemals, *nicht* zu kaufen. Das wäre auch töricht, denn der Interessent hat seine Kaufabsicht bereits kundgetan, unabhängig davon, wie die Bedingungen gerade aussehen. Er hat sein Tradingkonto eröffnet und bereits Informationen darüber eingeholt, „was eine gute Investition ist". Das ist ein riesiges blinkendes Hinweisschild für die Geier, das signalisiert: „Hier bin ich! Kommt und holt mich! Derjenige, der mich zuerst erwischt, bekommt den dicksten Happen!" Wenn sich erst einmal die Überzeugung durchgesetzt hat, dass der Markt eine Investition belohnt, hat der Marktteilnehmer kaum eine Chance, ungeschoren davonzukommen - es sei denn, man befindet sich in einem rasanten Bullenmarkt. In so einem Marktumfeld steigen selbst die schlechtesten Rohrkrepierer. In einer richtig wilden Hausse ist es sehr schwer, überhaupt zu verlieren. Ein Bullenmarkt ist per Definition ein Markt, der einer Blase gleicht und in dem alle Aktienkurse zu steigen scheinen.

Die zweite Regel eines Spekulanten - Abhaken der Checkliste vor dem Einstieg

Boyd kam auf die Grundlagen zurück, die er in früheren Lektionen behandelt hatte und er stellte eine kleine Checkliste zusammen, die er abhaken würde, um sich zu vergewissern, dass die Marktbedingungen für seine Testkäufe geeignet wären. Diese Checkliste beinhaltete folgende Punkte:

Befindet sich der Gesamtmarkt in einem Aufwärtstrend?

Um bestätigt zu bekommen, dass sich der Markt tatsächlich in einem Aufwärtstrend befand, prüfte Boyd stets anhand von Wochencharts, ob der Dow, der S&P500, der Nasdaq und die Logistikwerte nicht mit „höheren Hochs und niedrigeren Tiefs" konfrontiert waren. Befand sich der Markt tatsächlich in einem Aufwärtstrend oder sah es so aus, als würde ein Aufwärtstrend einsetzen, könnte er diesen Punkt auf seiner Liste abhaken.

Erkenne ich irgendwelche Aktienbewegungen vom Typ 20/4?

Wie in den vorangegangenen Lektionen behandelt, handelt es sich bei einer Bewegung vom Typ 20/4 nach Boyds Definition um eine Aktie, die nach einer mehrwöchigen Konsolidierungsphase bei hohem Volumen zu neuen Höchstkursen ausbricht und dann innerhalb von vier Wochen mindestens 20 % von ihrem Ausbruchskurs steigt. Er merkte die zusätzliche Bedingung an, dass Kursbewegungen des Typs 20/4 niemals unter den Kaufkurs fallen sollten, der als letzter Höchststand der Konsolidierungsphase festgelegt wurde.

Finde ich Preis- und Volumenbewegungen, die das, was ich vermute, bestätigen?

Abgesehen davon, dass die Indizes Anzeichen für einen Aufwärtstrend zeigen, sollte auch deren Handelsvolumen bestätigen, dass Käufe mit erhöhtem Volumen einsetzen. Eine ähnliche Bestätigung muss man auch bei den führenden 20/4-Werten beobachten können.

Dritte Regel der Spekulation - Wenn ich mit Testkäufen keinen Profit erzielen kann, kann ich auch mit großen Investitionen kein Geld verdienen

Ich hatte schon früh gelernt, dass die Höhe des Handelskapitals nicht über den Erfolg entscheidet. Wenn ich mit einem kleinen Prozentsatz meines Kapitals kein Geld machen kann, kann ich das auch mit einem größeren Prozentsatz meines Kapitals nicht. Mit anderen Worten: Wenn ich den Markttrend und den Trend meiner Aktie nicht richtig einschätze, spielt es keine Rolle, ob ich 10.000 € oder 1 Million € in eine bestimmte Aktie investiere - ich werde so oder so einen Verlust machen.

Ein kluger Spekulant beobachtet zunächst das allgemeine Marktgeschehen. Falls der Markt höhere Hochs und höhere Tiefs zu verzeichnen scheint, die durch das Volumen bestätigt werden, sucht man nach weiteren Anzeichen im Bereich führender Aktienwerte. Wenn diese die vermutete Marktbewegung bestätigen, testet man den Markt und den einzelnen Titel, um zu überprüfen, ob das, was man zu sehen glaubt, auch tatsächlich zutrifft. Bei einem solchen Testkauf handelt es sich in der Regel um einen sehr geringen Betrag des gesamten Handelskapitals. Boyd verwendet zwischen 5-10% seines Handelskapitals für einen Testkauf. Der Testkauf bietet eine Möglichkeit, zu verifizieren, dass „der Wunsch nicht der Vater des Gedankens war". Wenn man sich einen Bullenmarkt wünscht, sollte man keinesfalls einer Illusion aufsitzen. Die Testkäufe werden die Annahme über den Trend eines Marktes bestätigen oder widerlegen. Wenn der Testkauf anfängt, Geld zu verdienenProfit abzuwerfen, dann *und nur dann* kann man in Erwägung ziehen, schrittweise größere und signifikantere Mittel in den Markt zu investieren.

Vierte Regel der Spekulation - Immer eine Stop-Loss-Order platzieren, um das eigene Kapital abzusichern.

Ein Stop-Loss ist ein im Voraus festgelegter maximaler Verlustbetrag, den man bereit ist, bei einem bestimmten Trade zu riskieren. Dies ist für die meisten erfahrenen Spekulanten einfach und klar genug, um es zu verstehen und auch umzusetzen. Boyd verwendet einen Stop-Loss von 10%, andere nutzen eine unterschiedliche Toleranzspanne. Die Grundidee eines vorher festgelegten Stop-Loss besteht darin, zu vermeiden, dass man zu einem, wie Livermore es einst nannte, „Aktienbesitzer wider Willen" wird. Wenn eine Aktie zu 50 € gekauft wurde und nach einigen Tagen und Wochen um 10% gefallen ist, ist die Aktie 45 € wert. Wenn man die Aktie nur weiterhin hält, „in der Hoffnung, dass sie sich erholt'", dann hält man diese Aktie gewissermaßen gegen seine ursprüngliche Überzeugung. Der Trader will diese Aktie, die deren Preis im Fallen begriffen ist, eigentlich nicht haben, hält sie aber weiterhin in der Hoffnung, dass sie zum Kaufpreis zurückfindet. Doch was ist, wenn diese Aktie weiter fällt und auf 40 € sinkt? Und ein paar Tage später gar auf 35 € nachgibt. Was dann? Auch in diesem Fall würde der typische Aktienbesitzer seinen Verlustbringer weiterhin unfreiwillig halten, nur aus der Hoffnung heraus, diese Position nicht im Minus schließen zu müssen. Alle größeren Verluste an der Börse bauen sich langsam und scheinbar marginal auf. Sobald sich jedoch zunächst geringe Verluste ausgeweitet haben, ist es in der Regel zu spät, den Schaden zu beheben.

Der Stop-Loss bietet uns einen Mechanismus, der uns unmissverständlich klarmacht, dass unsere Prognose falsch war. Sollte man sich in Bezug auf die Markttendenz und/oder die Richtung einer Aktie geirrt haben, bemerkt man das nur, wenn sich die Aktie oder der Markt gegen einen zu bewegen beginnt. Wenn der Stop-Loss-Kurs erreicht wird und der Spekulant aus seiner Position geworfen wird, ist dies eine klare Botschaft des Marktes, dass die ursprüngliche Einschätzung wahrscheinlich falsch war. Wenn ein solcher Stop-Loss nicht vorhanden ist, können wir uns sehr leicht einreden, zu halten, wenn wir eigentlich verkaufen sollten. Wir müssen uns vor uns selbst schützen, denn *wir* sind der Hauptgrund dafür, wenn der Markt uns schlägt. Dies ist die Versicherungspolice gegen das „menschliche Element", über das wir bereits zuvor gesprochen haben.

Der einzige Grund, warum wir Aktien kaufen, besteht darin, dass wir an deren steigenden Kursen verdienen wollen. Wenn der Kurs einer Aktie nicht steigt, besteht kein Grund, sie im Depot zu haben. Steigt der Kurs der Aktie, ist kein weiteres Signal erforderlich, denn die Aktie beweist uns durch ihre steigenden Kurse, dass wir Recht haben. Falls wir mit einem kleinen Testkauf richtig liegen, dann werden wir mit großer Wahrscheinlichkeit auch mit größeren Beträgen richtig liegen. Sobald unsere Testkäufe Gewinne erzielen, sind wir gewappnet, um mit größerem Vertrauen signifikante Mittel in den Markt zu investieren.

Fünfte Regel der Spekulation - „The trend is your friend" oder: nachziehen der Stop-Losses entlang der Trendlinie

Einige der Punkte, die Boyd ansprach, klangen wie endlose Wiederholungen, doch ich war klug genug, um zu erkennen, dass das, was oberflächlich betrachtet so anmutete, in Wirklichkeit mehr Klarheit über die Regeln und Prinzipien erfolgreicher Spekulationen brachte. Ein Aufwärtstrend ist per Definition eine Reihe von Kursbewegungen, bei denen höhere Hochs und höhere Tiefs erreicht werden.

Das Grundprinzip erfolgreicher Spekulation besteht darin, niemals eine steigende Aktie zu verkaufen und niemals eine Aktie zu kaufen, die nicht im Kurs steigt. Eine zusätzliche Erweiterung dieses Prinzips besteht darin, eine Aktie zu verkaufen, deren Kurs *nicht* steigt. Doch der Spagat, eine steigende Aktie gerade so lange zu halten, wie sie sich weiter nach oben bewegt, und dann zu verkaufen, sobald ihr die Luft ausgeht, ist ein äußerst schwieriger. Bei der Jagd nach dem Tief oder dem Hoch einer Bewegung ist schon viel Geld verbrannt und es sind eine Menge Leute ruiniert worden. Solch exaktes Timing ist fast unmöglich zu praktizieren. Wenn man das obere oder untere Ende einer Bewegung erwischt, ist es Zufall oder Glück (oder eine Kombination aus beidem).

Baruch, ein bekannter Spekulant seiner Zeit, pflegte zu sagen, dass nur Lügner den oberen oder unteren Rand einer Kursbewegung immer wieder erwischen. Ein echter Spekulant muss es schaffen, so lange wie möglich von einem steigenden Kurs zu profitieren und zudem zu verkaufen, bevor die Aktie eine Trendwende vollzieht und sich fortlaufend nach unten bewegt. Außerdem braucht man an den Märkten Zeit, um viel Geld zu verdienen. Zeit ist, wie wir alle wissen, relativ. In den Vereinigten Staaten ist eine Stunde eine lange Zeit. In Tibet gelten ein paar Jahre als kurze Zeit. Es hat sich jedoch immer wieder gezeigt, dass die besten und schnellsten Bewegungen bei steigenden Aktien in Zeiträumen von 4-8 Monaten stattfinden. Jenseits der 8-Monats-Marke wird in der Regel ein großer Teil der Gewinne, die während des vorangegangenen Aufwärtstrends erzielt wurden, durch eine erhebliche Abwaärtsreaktion wieder aufgezehrt.

Wie kann man diese widersprüchlich erscheinenden Ziele erreichen? Erstens, die Aktie so lange wie möglich und über kleinere oder mittlere Reaktionen hinweg zu halten. Zweitens: Verkauf nahe genug an der Spitze einer signifikanten Bewegung, bevor ein signifikanter Kursrückgang einsetzt.

Boyd betonte, dass es manchmal am schwierigsten ist, die Dinge so einfach wie möglich zu halten. Seine Regel sah vor, seine Verkaufsstopps immer etwas unterhalb des letzten Tiefs eines steigenden Kurses zu platzieren (bevor es zum vorläufigen Maximalkurs kam). Er war auch der Meinung, dass wöchentliche Kursbewegungen ein zuverlässigeres Bild abgeben als tägliche Kursverläufe. Als Beispiel verwies er auf seine Skizze, die in Abbildung 11 zu sehen ist.

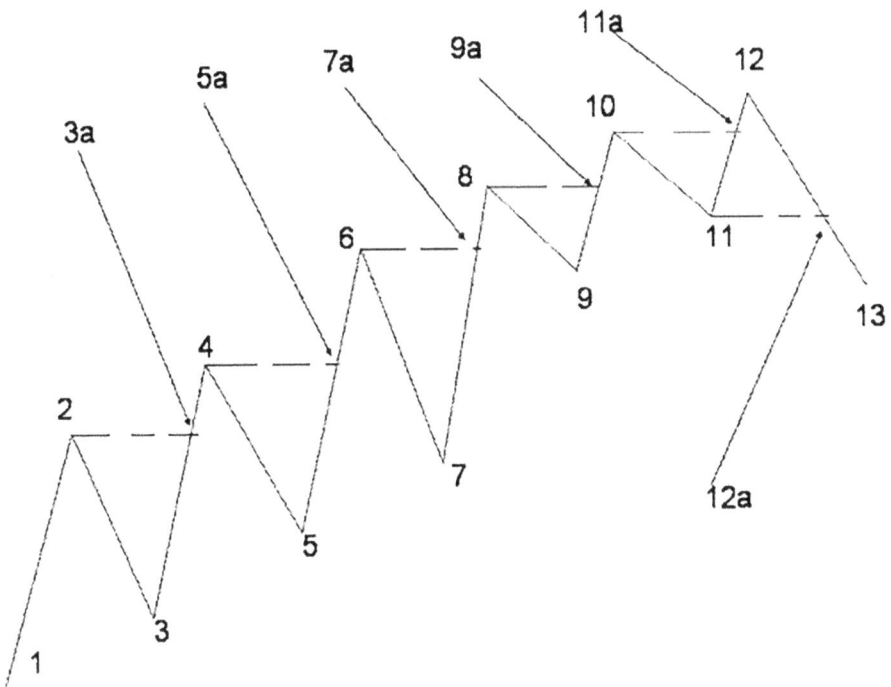

Abbildung 11. Nachgezogene Stops entlang einer Trendbewegung

Boyd erklärte: „Nehmen wir an, wir besäßen eine Aktie, deren Kurs steigt. Ich habe eine Skizze einer solchen Kursbewegung gezeichnet. Nehmen wir darüber hinaus an, wir hätten die Aktie gekauft, als sie den Punkt 3a überschritt - zu dem Zeitpunkt, als sie neue Kurshöchststände erreichte. Zum

Zeitpunkt des Einstiegs bei 3a würden wir einen Stop-Loss bei 10% unter dem Kurs von 3a setzen. Gehen wir nun davon aus, dass der Stop-Loss erst dann berührt wird, nachdem die Aktie ein höheres Hoch und ein höheres Tief verzeichnet hat. Das bedeutet, dass die Aktie zunächst einen Höchstkurs bei Punkt 4 verzeichnen muss. Dann erst sollte sie auf diesen Anstieg reagieren, z.B. mit einem Kurs, wie bei Punkt 5 skizziert. Zu beachten ist, dass der Kurs bei Punkt 5 höher liegt als der Kurs bei Punkt 3 - dem letzten Tief der Aktie. Im weiteren Verlauf muss die Aktie ein neues höheres Hoch verzeichnen, wie es bei einem Kurs von Punkt 6 der Fall ist. Auch hier gilt dasselbe Muster - dass der Kurs bei Punkt 6 höher liegt als der vorherige Höchstkurs bei Punkt 4. Im Verlauf der Bewegung der Aktie von Punkt 5 zu einem Kurs von Punkt 7 durchläuft sie den Kurs von 5a, der im Wesentlichen derselbe ist wie der Kurs, der bei Punkt 4 als Höchststand verzeichnet wurde. Sobald der Kurs über diesen Punkt 5a steigt, hat die Aktie ihren Aufwärtstrend bestätigt. Zu diesem Zeitpunkt wird der Stop-Loss vom vorherigen Stop-Loss geringfügig unter den Kurs bei Punkt 5 verschoben."

„Der angepasste Stop-Loss bleibt so lange etwas unterhalb des Kurses bei Punkt 5, bis eine weitere Abfolge höherer Hochs und höherer Tiefs bestätigt wurde. Das bedeutet, dass unsere Aktie zunächst das Hoch, das der Kurs bei Punkt 6 anzeigt, verzeichnen muss und sollte anschließend auf diesen neuen Höchstkurs bei Punkt 6 reagieren. Die Reaktion zeigt sich darin, dass der Kurs bei Punkt 7 das neue Tief markiert. Nun beginnt ein neuer, weiterer Abschnitt des Aufwärtstrends. Während dieser Aufwärtsbewegung vom Kurs bei Punkt 7 bis zum Kurs bei Punkt 8 muss die Aktie das bei Punkt 6 erreichte Kurshoch durchbrechen. Ich habe diesen Punkt als Kurs bei Punkt 7a angegeben. Sobald userer Aktie diesen Kurs bei 7a überschreitet, verschiebe ich meinen Stop-Loss erneut, von dem Bereich unter dem Kurs bei Punkt 5 auf einen, der minimal unterhalb von Punkt 7 liegt. Dieser Stop-Loss, der jetzt etwas unter dem Kurs von Punkt 7 liegt, wird nicht verändert, bis eine weitere vollständige Abfolge höherer Hochs und höherer Tiefs erreicht wurde."

„Auf dem Papier scheint dies recht einfach und unkompliziert zu sein. Die größte Problematik für die meisten Anfänger ist, dass sie tagtäglich auf ihre Kontowerte und Aktienkurse achten. Wenn sie bemerken, dass die Aktie z.B. bei Punkt 6 einen Höchststand erreicht hat und nun auf den Kurs bei Punkt 7 reagiert, werden sie nervös. Sie haben das Gefühl, dass sie ihren Gewinn 'verlieren' und ein solcher Neuling wird beim ersten Anzeichen von Schwäche verkaufen."

„Die Disziplin aufzubauen, um den Stop-Loss entlang der Trendbewegung nachzuziehen, braucht eine gewisse Entwicklungszeit. Die meisten Leute lernen die erst, nachdem sie die großen Profite 'verpasst' haben. Erst nachdem die Leute einen echten Top-Performer sehr früh im Trend viele Male wieder verloren haben, werden sie den Dreh beim Trading entlang des Trends raus bekommen. Bedauerlicherweise werden viele Weitere die schlichte Genialität dieser Disziplin nie begreifen. Wie ich schon sagte, ist Zeit relativ. Vier bis acht Monate sind keine lange Zeitspanne am Aktienmarkt für Leute wie mich, die die Gaben und Gefahren des Marktes seit Jahrzehnten kennen und durchleben. Für Neulinge jedoch, wie auch für viele undisziplinierte Profis (die nicht lange Profis bleiben werden), erscheinen selbst 4-8 Wochen wie eine Ewigkeit."

Und weiter meinte er: „Da unsere Aktie immer höhere Höchst- und Tiefststände erreicht, bewegen sich folglich auch die Stops entlang der Trendbewegung nach oben. Irgendwann wird der Aufwärtstrend nachlassen. Dann beginnt der Druck, die Kurse nach unten zu bewegen, zuzunehmen. Die Wende setzt manchmal sehr subtil ein und manchmal auch völlig offenkundig. Doch der Spekulant, der sich an seine eisernen Regeln hält, wird seine Stops immer weiter nach oben nachziehen. Zuerst bewegt sich der Stopp etwas unter den Preis bei Punkt 9. Dann ein wenig unter den Kurs bei Punkt 11. Wenn die Aktie ihren mittel- oder längerfristigen Höchststand erreicht hat und zu fallen beginnt, wird dieser Stop erreicht und die Aktie verkauft. Der Spekulant war also in der Lage, mit der Aktie von einem Kurs bei Punkt 3a bis zum Kurs bei Punkt 11 mitzugehen. Das ist eine bedeutende Preisspanne und erfüllt das eigentliche Ziel eines cleveren Spekulanten - den signifikanten Teil eines Aufwärtstrends zu erwischen und mitzunehmen."

Zusammenfassung:

Wir müssen uns stets an diese Regeln der erfolgreichen Spekulation erinnern. Zunächst einmal richten Sie unmöglich einen Schaden an. Bevor wir also etwas kaufen, sollten wir die Checkliste für den Einstieg abhaken und uns vergewissern, dass die Bedingungen für einen Einstieg reif sind. Sollten wir mit kleinen Testkäufen kein Geld verdienen können, dann können wir auch mit größeren Einsätzen keinen Profit erwirtschaften. Folgen wir also dem Trend und legen für jede Position ein vorher klar definiertes Verlustrisiko fest, das wir bereit sind, einzugehen. Dann platzieren wir einen Stop-Loss auf diesem Niveau, um sicherzustellen, dass unsere Position liquidiert wird, falls dieses Level erreicht werden sollte. Haben wir alles richtig gemacht, ziehen wir unsere Stops entlang des Trends immer weiter nach oben nach.

KAPITEL 12

ZUSÄTZLICHE REGELN DER SPEKULATION SOWIE DEREN GRUNDLAGEN

Kaum jemand spricht über den richtigen Umgang mit Geld in Bezug auf Spekulationen. Wenn man einen Brokers aufsucht und ein Konto für den Aktienhandel eröffnet, ist es sonnenklar, dass unser Broker ausnahmslos sofort einen Kauf empfehlen wird. Neben der Kaufempfehlung wird der Broker in neun von zehn Fällen empfehlen, das gesamte auf dem Handelskonto verfügbare Kapital zu investieren.

Dasselbe Szenario spielt sich auch ab, wenn ein Anfänger oder ein undisziplinierter Profi (der das Geld anderer Leute benutzt, um am Aktienmarkt zu zocken) mit dem Handel beginnt. Fast sofort nach der Eröffnung eines Kontos werden Käufe getätigt. In den meisten Fällen wird das gesamte verfügbare Kapital innerhalb der ersten 48 Stunden nach Kontoeröffnung umgesetzt.

Der klassische Spekulant hingegen zeigt nie „All-in". Er geht also niemals Engagements ein, bei denen er von Anfang an sein gesamtes Kapital einsetzt. Stattdessen berücksichtigt er immer die Tatsache, dass er zuerst einmal seine Annahmen bestätigt bekommen muss, bevor er zusätzliche oder generell größere Investitionen vornehmen kann.

Selbst die Terminologie, die von Spekulanten verwendet wird, ist anders und einzigartig. Nur ein Spekulant wird sich selbst als Spekulant bezeichnen. Ein echter Spekulant wird sich niemals als Trader, Zocker, Investor oder langfristiger Anleger betiteln. Nehmen wir hingegen den Zocker - dieser würde sich ganz sicher nicht als einen solchen bezeichnen wollen. Der Spekulant und der Zocker befinden sich auf entgegen gesetzten Seiten des Spektrums. Über ein ganzes Leben hinweg hat der Spekulant am Markt die Nase vorn, da er mehr aus dem Markt herausholt, als er investiert. Der Zocker hingegen gibt alles an den Markt zurück und nimmt auf lange Sicht nie etwas heraus. Der Trader gibt und nimmt, ist aber kaum in der Lage, große Summen aus dem Markt zu ziehen. Der Investor gibt und nimmt ebenfalls, doch er gibt dem Markt in der Regel signifikante Summen.

Wie Boyd bereits sagte, geht ein Spekulant nur dann ein Engagement ein, wenn die Gewinnchancen für ihn günstig sind. Der Zocker legt seine Spiele ohne Rücksicht auf die Gewinnchancen fest. Der trader versucht, ein paar Pips hier und ein paar dort abzustauben. Der Investor sitzt lange Zyklen von Trends aus und gibt während der Bärenmärkte mehr ab, als er jemals während eines Bullenmarktes verdient hat.

Zu den Begriffen, die ein echter Spekulant verwendet, gehört vor allem der Terminus „Engagement". Das Wort selbst weckt die Vorstellung, dass man etwas, das es wert ist, zu besitzen, „festhalten" oder eben „engagiert" sein muss. Das bedeutet auch gute und schlechte Tage durchzustehen. Ein Engagement ist für einen Spekulanten der Schlüssel zum Erfolg. Eine

Verpflichtung gegenüber den Regeln. Eine Verpflichtung gegenüber dem System der Marktoperationen. Eine Verpflichtung zur Disziplin. Eine Verpflichtung, auszusitzen, wenn die Bedingungen es erfordern. Die Verpflichtung, eine Position so lange zu halten, wie es die Bedingungen erfordern. Solange die Regeln, die Aktie oder der Markt keine eindeutige Änderung der Position zulassen, wird der Spekulant an seinem Engagement festhalten, das er eingegangen ist.

Sechste Regel der Spekulation: Ich muss vom ersten Tag an Profite mit meinen Positionen erzielen, und innerhalb von vier Wochen muss mindestens 20 % Profit entstanden sein.

Die meisten hohen Profite, die man erzielt, beginnen mit einem Paukenschlag. Es gibt zwar gelegentlich gemächliche Starter - aber im Großen und Ganzen beginnen die meisten großen Kurssteigerungen vom ersten Tag an. Sobald der erste Schritt des Markteintritts via Testkauf erfolgt ist, wird der Stop-Loss sofort unter den Kaufkurs gesetzt - in der Regel etwa 10% niedriger. Die Aktie hat dann Zeit, sich entweder zu bewähren oder die Prognose zu widerlegen und kann nur eines von drei Resultaten erreichen - sie kann steigen, sie kann fallen oder sie kann stagnieren. Für jedes dieser drei Szenarien gibt es eine Maßnahme, die ergriffen werden muss. Wenn die Aktie steigt, muss sie sich innerhalb von vier Wochen nach dem Kauf um mindestens 20 % von ihrem Kaufkurs zum letzten Höchstkurs bewegen. Wenn vier Wochen vergangen sind und unsere Aktie nicht annähernd die 20 % vom Kaufkurs nach oben abgewichen ist, müssen wir bereit sein, uns nach anderen Möglichkeiten umzusehen und loszulassen. Falls unsere Aktie jedoch anfängt, sich nach unten zu bewegen, anstatt zu steigen, dann wird der Stop-Loss ausgelöst und damit unsere Position ohnehin liquidiert.

Nehmen wir an, unsere Aktie bewegt sich in die Richtung von 20/4 - unserem Primärziel. Dann muss der Stop-Loss sofort von seinem aktuellen Niveau auf einen neuen Kurs, etwas über dem Kaufkurs, verschoben werden. Auf diese Weise wird garantiert, dass wir bei einer Aktie vom Typ 20/4 niemals einen Verlust erleiden. Erst sobald unsere Aktie diesen Punkt erreicht hat, an dem wir im schlimmsten Fall nur Plus-Minus-Null landen, sollten wir eine zweite Position in Erwägung ziehen. Mit anderen Worten: Wir eröffnen niemals eine weitere position, es sei denn, die erste verfügt bereits über einen Stop-Loss, der im schlimmsten Fall einen verlustfreien Handel ermöglicht.

Sobald ein Wert des Typs 20/4 im Depot ist, muss er von diesem Zeitpunkt an seinen Aufwärtstrend fortsetzen. Dieser Aufwärtstrend muss auf Wochencharts deutlich erkennbar sein. Auf Wochencharts zeigt sich ein Aufwärtstrend als eine Reihe höherer Hochs und höherer Tiefs. Da unsere Aktie diese Serie höherer Hochs und höherer Tiefs nun fortsetzt, müssen die Stop-Losses immer weiter nach oben verschoben werden, bis sie geringfügig unter dem letzten Tief liegen. Ein solcher sogenannter trailing Stop-Loss wurde bereits in einer früheren Lektion besprochen.

Siebte Regel der Spekulation: Keine zweite Position, ohne, dass die erste garantiert verlustfrei bleibt

Boyd war ein alter Fuchs, ich hatte noch nie jemanden wie ihn getroffen. Er betonte immer wieder, dass jeder Regeln aufstellt, aber kaum jemand sie auch befolgt. Das ist es, was den erfolgreichen Spekulanten von allen anderen unterscheidet. Er sagte stets, dass die Masse die Regeln je nach Tagesform ändern würde. Mit anderen Worten: Je nachdem, wie die Person an diesem Tag voreingenommen ist, würde sie die Regeln so auslegen, dass sie zu dieser Voreingenommenheit passen.

Der Vorteil, den Boyd gegenüber den meisten anderen hatte, war, dass er bereits vom Markt vollständig ruiniert worden war. Das erwies sich als Vorteil, denn diese grausame Erfahrung hatte ihn gelehrt, die Börse niemals auf die leichte Schulter zu nehmen. Wie sich herausgestellt hat, lernen die meisten sehr erfolgreichen Spekulanten ihre Lektion ebenso auf die harte Tour. Die meisten, die zum Handel zurückkehren, um sich für die großen Verluste zu rächen, tun dies mit enormer Geduld und im vollen Bewusstsein, dass der Markt unerbittlich sein kann.

Boyd pflegte den klassischen Satz zu sagen: „Machen Sie nie einen zweiten Schritt nach vorne, bevor Sie sich nicht vergewissert haben, dass Sie mit Ihrem ersten Schritt festen Halt haben." Jeder Schritt, den er am Markt tätigte, wurde vollständig vom Ergebnis seines vorherigen Schritts diktiert.

Nachdem er sich vergewissert hätte, dass sein erster Testkauf von einer Bewegung vom Typ 20/4 gefolgt wurde, würde er den Stop-Loss für diese Position auf einen Wert knapp über seinem Kaufkurs setzen. Auf diese Weise konnte er sicherstellen, dass ein Verlust praktisch ausgeschlossen war. Diese Regel sorgte dafür, dass er sich nur auf die Aktien konzentrierte, die von Anfang an das Potenzial nachwiesen, sich signifikant zu bewegen. Sobald er eine solche Aktie gefunden hatte, sorgte er dafür, dass er mit dieser Aktie nie einen Verlust hinnehmen musste, um sich erneut zu verinnerlichen, dass er stets an den 20/4-Aktien festzuhalten hätte kann, da sie ihm nie einen Verlust bescherten. Es war genau dieses Festhalten an den Gewinnern, das ihm das große Geld einbrachte.

Sobald dieser erste Schritt vollzogen war, zog Boyd einen zweiten Einstieg in Betracht. Es hatte für ihn keinen Sinn, eine zweite Aktie zu kaufen, wenn die erste Aktie noch nicht klar bewiesen auf Kurs war. Denn: Erst wenn sich der erste Schritt als richtig erwiesen hatte, konnte ein zweiter Schritt in Erwägung gezogen werden.

Boyd war der festen Überzeugung, dass das Lebe Zentimeter für Zentimeter einfach, jedoch Meter für Meter knallhart ist. Wenn Leute innerhalb von Tagen oder Wochen 300 % Rendite machen wollen, obwohl das Monate und Jahre dauert, ist der Misserfolg garantiert. Alles am Markt erfordert Zeit und Geduld. Um zu gewährleisten, dass Zeit und Geduld Hand in Hand gehen, müssen Regeln aufgestellt und befolgt werden.

Achte Regel der Spekulation: Pyramidenkäufe kommen nur in Frage, wenn die Quoten zu unseren Gunsten stehen, und gewährleistet ist, dass dies niemals zu einem Gesamtverlust führt.

Hierbei kauft man eine zweite und/oder dritte Position eines Titels hinzu, den man bereits besitzt. Wenn man beispielsweise eine Aktie kaufte, als sie bei einem Kurs von 30 € zu neuen Höchstständen ausbrach, und sich einige Wochen und Monate später die Gelegenheit bot, zu einem höheren Kurs zu kaufen, als sie bei einem Kurs von 45 € aus einer höheren Konsolidierung ausbrach, dann würde man diesen zweiten (Nach)Kauf als Pyramidenkauf bezeichnen.

Boyd hielt die Dinge einfach und unkompliziert. Als ich ihn zum Beispiel fragte: „Angenommen, wir sprechen über eine Aktie, die einen ersten Testkauf zu einem Preis von 30 € und dann einen Pyramidenkauf zu einem Preis von 45 € ermöglichte, wie viele zusätzliche Aktien würde ich dann zu dem Preis von 45 € nachkaufen?"

Gemäß seiner Einstellung, die Dinge nicht zu verkomplizieren, führte er ein Beispiel aus. Er sagte: „Nehmen wir an, wir hätten als Testkauf 200

Aktien zum Preis von je 30 € gekauft. Nehmen wir weiterhin an, wir hätten sofort nach dem Testkauf einen Stop-Loss bei 27 € gesetzt, also 10% unter dem Kaufkurs. Nungehen wir davon aus, dass unsere Aktie innerhalb von 3 Wochen auf 36 € gestiegen ist und sich damit als 20/4-Typ qualifiziert hat. Sobald die Aktie das Kursniveau von 36 € erreicht hatte, haben wir also den Stop-Loss von 27 € auf 30.50 € nachgezogen. Jetzt, nach einigen Wochen, erreicht die Aktie ein Allzeithoch von 45 € und korrigiert, bzw. reagiert dann zwischen 45 € und 39 €. Sobald diese Konsolidierungsphase abgeschlossen ist, und unsere Aktie zu neuen Höchstständen jenseits von 45 € ausbricht, hätten wir einen idealen Zeitpunkt für einen Pyramidenkauf. 10% unter dem 45 €-Nachkaufkurs läge erneut unser Stop-Loss-Kurs - also bei 40,50 €. Um den Betrag zu berechnen, den ich bei 45 € nachlegen würde, nehme ich die 200 Aktien, die ich bei 30 € gekauft habe, und errechne einen Gewinn von 2100 € beim neuen Stop-Loss von 40,50 €. Das ist das Maximum, das ich bereit bin zu verlieren, falls der zweite Kauf (Pyramidenkauf) gegen mich laufen sollte. Das bedeutet, dass ich insgesamt maximal 2100 € nachkaufen kann, geteilt durch 4,5 € pro Aktie, die ich verlieren würde, falls mein neuer Stop-Loss ausgelöst würde. Das ergibt 466 Aktien. Ich würde also niemals mehr als 466 Aktien als Pyramidenkauf auf dem Preisniveau von 45 € hinzufügen." Ich sah nun schwarz auf weiß, wie er dafür sorgte, dass er niemals einen Verlust bei einer Gewinneraktie hinnehmen musste. Selbst im absolut schlimmsten Fall, wenn die Aktie von ihremNachkaufkurs von 45 € auf bis zu 40,50 € fallen und damit den Stop-Loss triggern würde, hätte er keinen Verlust mit dieser Aktie verzeichnen müssen. Boyds Regel, niemals einen Verlust bei einer Gewinneraktie akzeptieren zu dürfen, leuchtete mir nun anschaulich ein.

Ich fragte Boyd, wie oft man nach diesem Muster nachlegen kann. Er sagte, dass er fast nie mehr als zwei Käufe getätigt hat. In den meisten Fällen würde er nach dem zweiten Kauf aufhören, es sei denn, der dritte Kauf war wirklich eine Option - jedoch nur bei einer Aktie mit einem extremen Aufwärtstrend in einem glasklaren Bullenmarkt. Er sagte: „Seltene Ausnahmen wie Taser zeigen sich während eines bestätigten Aufwärtstrends, wenn ein dritter Kauf eindeutig möglich ist."

Neunte Regel der Spekulation: Sobald viele tonangebende Aktien des Typs 20/4 anfangen, ihre Stop-Losses auszulösen, könnte der Markt zu schwächeln beginnen.

Jeder Zyklus bringt eine neue Reihe von führenden Aktien mit sich. Manchmal kann eine Aktie zwei aufeinanderfolgende Zyklen lang führend auf dem Markt sein. Es ist jedoch höchst ungewöhnlich, dass ein und dieselbe Aktie mehr als zwei Zyklen lang den Ton angibt. Der Grund dafür ist denkbar einfach: Sobald eine Aktie vollständig in die Hände der breiten Masse gelangt ist, gibt es für die Insider keinen Grund mehr, den Kurs der Aktie in die Höhe zu treiben. Sobald die meisten Aktien in die Hände vieler übergingen, waren die Insider nicht länger die Insider. Somit hatten diese Leute keine Notwendigkeit mehr, die Kurse hochzutreiben. Mit anderen Worten: Ihre Mission war erfüllt.

Dies war einer der Gründe, warum Boyd nie nach neuen Marktführern suchen würde, die länger als 15 Jahre auf dem Markt waren. Es lag auf der Hand, dass eine Aktie, die seit mehr als 15 Jahren existierte, genügend frühere Zyklen und Haussen durch hatte, um ihr Potenzial entfaltet zu haben. Da sich solche Aktien häufig signifikant bewegt hatten, boten sie den Insidern viele Gelegenheiten, ihre Bestände gewinnbringend zu liquidieren. Da diese Insider nicht mehr im Besitz der Aktie waren, hatten sie kaum mehr einen Anreiz, die Aktie in die Höhe schnellen zu lassen.

Wenn es für eine Aktie keinen Anreiz für einen großen Anstieg gibt, ist die Chance, mit dieser Aktie solide Gewinne zu erzielen, nun mal gering. Wenn keine hohen Gewinne möglich sind, warum sollte man dann einsteigen?

Der Markt steckt voller Risiken. Um das Risiko zu kompensieren, muss er Aktien anbieten, mit denen man sein Kapital in einem bestimmten Zyklus verdoppeln kann. Wenn es keine Aktien gibt, die wirklich das Potenzial und den Anspruch haben, ihren Kurs in einem bestimmten Zyklus zu verdoppeln, warum sollten wir uns dann die Mühe machen, investiert zu sein?

Zehnte Regel der Spekulation: Niemals versuchen, unter schlechten Marktbedingungen Gewinne zu erzielen. Es ist besser, sich von Umfeldern fernzuhalten, in denen die Gewinnchancen gegen uns stehen, als zu versuchen, gegen den Strom zu schwimmen.

Sobald die führenden Aktien ihre Stop-Losses triggern, ist es nur noch eine Frage der Zeit, bis die meisten, wenn nicht alle, verkauft werden. Die Verkaufsentscheidung überlassen wir dabei am besten den korrekt platzierten Stop-Losses. Wenn sich der allgemeine Markt in einem Abwärtstrend oder in einem Seitwärtstrend befindet, sind die Aussichten auf potentielle Gewinne gering. Gemäß dem Motto „Verbrenne dich nicht" wäre es also ein großer Fehler, einen Teil der hart erarbeiteten Gewinne wieder abzugeben. Die Profite wurden hart erarbeitet und durch extreme Geduld, harte Arbeit und viel Disziplin erzielt. Es ist jedoch einfach, unsere hart erarbeiteten Gewinne unter schlechten Marktbedingungen wieder abzugeben. Weitaus besser ist es jedoch, die erzielten Profite zu schützen, indem wir uns nicht nicht sofort an der nächstbesten Rallye beteiligen. Jede neue Rallye kann nur durch die Entwicklung der tonangebenden Aktien bestätigt werden. In den vorangegangenen Kapiteln haben wir bereits gelernt, wie man den Beginn eines verlässlichen Aufwärtstrends bestimmt. Der Beginn eines Abwärtstrends wird dadurch signalisiert, dass der Stop-Loss bei vielen der führenden Aktien erreicht wird. Darüber hinaus wird eine Bestätigung in den führenden Indizes wie dem Dow Industrial, dem S&P500, dem Nasdaq und dem Dow Transports zu erkennen sein. Ein Abwärtstrend ist per Definition eine Serie von niedrigeren Hochs und niedrigeren Tiefs. Der Beginn des Abwärtstrends wird in der Regel durch ein verändertes Verkaufsvolumen signalisiert. Die Erholungsphasen von Abverkäufen erfolgt in der Regel bei schwächerem Volumen, und die Erholungsphase erreicht nie die vorherigen Höchststände. Lange bevor die Indizes einen solchen Markt bestätigen, können die führenden Aktien eindeutige Hinweise gegeben, indem sie ihre Stop-Losses erreichen. Wie wir aus früheren Lektionen gelernt haben, hätten wir bei aufwärts tendierenden Titeln Stop-Losses etwas unterhalb des vorherigen Tiefs platziert. Wenn ein Titel ein vorheriges Tief jedoch erreicht, wird sein Aufwärtstrend damit gleichzeitig zunichte gemacht.

Elfte Regel der Spekulation: Wenn die besten Aktien nicht im Kurs steigen, hat der Markt keine Chance, solide Profitchancen zu bieten. Sollten die besten Aktien im Kurs steigen, gibt es allen Grund, zu kaufen, doch wenn die besten Aktien nicht länger steigen, gibt es allen Grund, zu verkaufen.

So simpel das auch klingt, so schwierig ist es doch, diese Regel zu befolgen. Es ist uns Menschen angeboren, unbedingt etwas aufspüren zu wollen, was noch kein anderer Mensch gefunden hat. Wir wollen der Erste sein, der den Schatz findet, bevor alle anderen ihn erreichen. Das Spiel der Schatzsuche ist deshalb immer in vollem Gange. Das Problem dabei ist, dass unter schlechten Marktbedingungen die Zahl der Täuschungsmanöver zunimmt. Außerdem muss die Maschinerie der Wall Street das Rad durch einen ständigen Hype am Laufen halten, um die Öffentlichkeit zu einem Kaufrausch zu bewegen. Das Mantra des amerikanischen Verbrauchers, wonach „jedes Schnäppchen ein guter Kauf ist", wird in vollem Umfang ausgenutzt.

Bei jeder kurzen Aufwärtsreaktion auf dem Weg nach unten wird die Propaganda des neuen Bullenmarktes ertönen. Niemand will sich das Geldverdienen entgehen lassen. Geldverdienen ist das moderne Äquivalent zur Fähigkeit des Höhlenmenschen, zu jagen, zu töten und die Beute nach Hause zu bringen. Jeder Mensch hat in seinem Leben irgendwann schon mal was gewonnen. Dieser eine Gewinn ist in den Gedächtnissen von jedem von uns fest gespeichert. Dieser eine Gewinn ist in vielerlei Hinsicht der Köder, um in eine neue Falle zu tappen, die der Markt aufstellt. Bei jedem Griff nach diesem einen großen Gewinn glaubt das „menschliche Element" in uns, ob zu Recht oder zu Unrecht, dass der nächste Jackpot unmittelbar erreichbar ist. Die Jagd danach nimmt einfach kein Ende, nicht einmal, wenn die die Bedingungen offenkundig mies sind.

Wir mögen klug sein, doch je schlauer wir sind, desto sturer sind wir in der Regel in dem Glauben, dass der Markt mit Leichtigkeit geschlagen werden kann. Schließlich sind wir mit einem überlegenen Intellekt gesegnet, nicht wahr? Es gibt jedoch kein anderes Wesen mit einem höheren Intellekt als der Markt selbst. Je eher wir dies akzeptieren können, desto schneller werden wir die Grundlagen der erfolgreichen Spekulation erlernen.

Zusammenfassung:

Die besten Pferde gewinnen vom ersten Tag an. In der Regel qualifizieren sich diese als 20/4-Aktien, ohne jemals den vom Spekulanten gesetzten Stop-Loss zu erreichen. Nachlegen sollten wir zudem erst dann, wenn unsere Ursprungsinvestition nicht mehr ins Minus driften kann. Sogenannte Pyramidenkäufe kommen also erst in Frage, wenn die Chancen zu unseren Gunsten stehen und im schlimmsten Fall neutral ausgehen. Sollten viele Aktien des Typs 20/4 anfangen, ihre Stop-Losses zu erreichen, steht dem Gesamtmarkt vermutlich eine Trendwende bevor. Unter keinen Umständen sollte versucht werden, unter schlechten Bedingungen, Gewinne zu erzielen - stattdessen liegt der Fokus darauf, Verluste zu vermeiden. Wenn die besten Zugpferde keine steigenden Kurse verzeichnen, hat der Markt keine Chance, uns ein profitables Umfeld zu bieten.

KAPITEL 13

WEITERE SPEKULATIONSREGELN UND DEREN GRUNDLAGEN

Ich war ein wenig besorgt, dass sich die Regeln nach und nach summierten und zu zahlreich wurden, um den Überblick zu behalten. Ich habe Boyd darauf aufmerksam gemacht. Er antwortete mir: „Keine Sorge! Am Ende unserer Lektionen werde ich alle Regeln in einer viel einfacheren Form zusammenfassen. Es wird Ihnen dann leicht fallen, sie im Gedächtnis zu behalten. Jetzt geht es erst einmal darum, die Logik hinter dem Denken zu verstehen. Versuchen Sie nicht zu krampfhaft, sich die Regeln alle zu merken. Sie werden Ihnen schon bald sehr vertraut sein. Außerdem wiederhole ich absichtlich denselben Gedanken auf verschiedene Weise, um zu versuchen, ihn tief in der Psyche zu verankern."

Ich habe daraufhin eine Frage gestellt, die von vielen Anfängern oft angesprochen wird: „Wie lange halten Sie normalerweise eine Aktie? Ich finde, dass der Kauf noch der einfachste Teil ist. Der Verkauf zur Kapitalsicherung ist ebenfalls einfach, denn dafür sorgt ja der Stop-Loss. Das

Verkaufen mit Gewinnabsicht ist jedoch das Schwierigste. Es fällt mir schwer, die Entscheidung für einen maximal gewinnbringenden Verkauf zu treffen. Am Ende verkaufe ich zu früh oder bleibe zu lange dabei. Gibt es ein Geheimnis, wie man das richtige Timing findet, um kurz nach dem Ende einer Aufwärtsbewegung, jedoch kurz vor dem eigentlichen Beginn des Gegentrends mit Gewinn zu verkaufen?"

Boyd dachte einige Augenblicke lang nach. Dann antwortete er langsam und wählte seine Worte sorgfältig. Ich hatte den Verdacht, dass er sicherstellen wollte, dass es bei dieser recht komplizierten, aber wichtigen Argumentation keine Verwirrung gibt. Er sagte: „Das Problem tritt auf, wenn die Entscheidung zum Verkaufen schnell erfolgen soll. In dieser Hinsicht ist das Problem vergleichbar mit einer sofortigen Entscheidung, die man trifft, wenn man eine Aktie kauft. Jede sofortige Entscheidung ist problematisch. Eine solche Entscheidung ist ein Indiz für mangelnde Disziplin, fehlenden Respekt vor dem Markt und unzureichendes Wissen. Eine blitzschnelle Entscheidung ist auch ein Hinweis auf die mangelnde Fähigkeit, die Regeln zu befolgen. Wenn man sich dabei ertappt, dass man eine spontane Entscheidung trifft, muss man versuchen, die Aktion zu stoppen und einfach nichts zu tun. In den meisten Fällen sind spontane Entscheidungen falsche Entscheidungen. Es handelt sich nicht um eine durchdachte, überlegte und analytische Entscheidung, und folglich stehen die Chancen schlecht, einen gewinnbringenden Zug zu vollziehen."

„Wer profitabel verkaufen will, muss viele Anforderungen gleichzeitig erfüllen. Hierfür muss man verkaufen, wenn der Aufwärtstrend beendet ist und bevor der Abwärtstrend richtig beginnt. Diesen Wendepunkt zu erreichen ist eine Kunst, die man erst nach einigen Jahren der Übung entwickeln kann. Wir haben gestern über die einfachste Art, mit Gewinn zu verkaufen, gesprochen, als wir über einen Trailing-Stop sprachen. Meiner

Meinung nach ist dies immer noch der beste Weg, um mit dem Dilemma des gewinnbringenden Verkaufs umzugehen."

Zwölfte Regel der Spekulation: Aktien, die weniger als 15-20% von ihren Allzeithochs entfernt sind, sollte man im Auge behalten.

Wir wissen, dass wir nur Aktien kaufen wollen, die sich im Preis nach oben bewegen. Aktien, die das tun, weisen viele der relevanten gewinnbringenden Merkmale auf, darunter einen deutlich sichtbaren Aufwärtstrend. Während des Aufwärtstrends werden sie korrigieren und für einige Zeit eine Bodenbildung, bzw. Konsolidierung durchlaufen. Während dieser Zeiträume sollten wir sie auf ungewöhnliche Volumina hin prüfen. Sobald solche Aktien aus der Bodenbildung oder der Konsolidierungsphase zu neuen Höchstständen ausbrechen, sollten wir sie kaufen. Um solche Aktien auf unsere Beobachtungsliste zu setzen, sollten wir nur die in Betracht ziehen, die weniger als 15-20% von ihren früheren Höchstständen entfernt sind. Dies wird dazu beitragen, die Anzahl der zu beobachtenden Aktien zu reduzieren. Wir brauchen nur eine Handvoll Aktien, um die Stabilität des Marktes zu prüfen. Die Top-Aktien aus den am besten abschneidenden Branchen sollten mehr als genug sein, um uns einen Hinweis auf den Zustand des Gesamtmarktes zu geben.

Dreizehnte Regel der Spekulation: Niemals den Bildschirm während des Tages auf Echtzeitdaten prüfen. Nur Daytrader beobachten den Markt Minute für Minute und Sekunde für Sekunde.

Einige der schlechtesten Entscheidungen, die Anfänger treffen, sind spontane Trades. Ein spontaner Trade liegt vor, wenn wir eine sofortige Entscheidung über einen Kauf oder Verkauf treffen. Dazu kommt es vor allem dann, wenn es auf dem Markt besondere Nachrichten gibt. Dabei kann es sich um einen Quartalsbericht, einen Aktiensplit oder die FDA-Zulassung eines Medikaments eines Pharmaunternehmens handeln, was wiederum zu einem Anstieg der Aktien des Pharmaunternehmens führen kann. Im Grunde genommen beobachtet man den Ticker und ein plötzlicher Ausbruch von Volumen und Preisaktivität veranlasst die Leute, sofortige Kauf- oder Verkaufsentscheidungen zu treffen.

Diese Fehlentscheidungen kommen zustande, weil man den Markt und die Aktien Sekunde für Sekunde beobachtet. So verführerisch das auch sein mag, so mancher erfahrene Spekulant wird zugeben müssen, dass solche Aktivitäten und Verhaltensweisen für die meisten Konten schlicht verheerend sind. Der Aktienmarkt nutzt Nachrichten, um schwache Investoren aus dem Konzept zu bringen und zu täuschen. Die eigentliche Bewegung und der Trend stehen schon lange vor den aufpoppenden Nachrichten fest, denn die Aktie hat sich bereits in Erwartung der Nachricht bewegt. Die Nachricht bestätigt nur die vorherige Bewegung. Ein Handel im Zusammenhang mit Nachrichten ist also nur etwas für erfahrene Daytrader. Der Rest von uns sollte nicht einmal das Tickerband beobachten.

Eine Kaufentscheidung sollte nur nach reiflicher Überlegung getroffen werden. Diese Entscheidung beruht vollständig auf den Regeln der Spekulation. Sobald die Kaufentscheidung gefallen ist, ist eine Limit-Order in der Regel der beste Weg, um in den Markt einzusteigen. Wenn ein solcher Auftrag ausgelöst wird, wird die Verkaufsentscheidung gleichwohl den Stop-Loss-Orders überlassen. Wie bereits erwähnt, wird bei Auslösung eines Kaufs gleichzeitig ein Stop zum Schutz vor Verlusten platziert. Wenn sich die Aktie nach oben bewegt und höhere Hochs und Tiefs verzeichnet, wird der Stop-Loss im Zuge der Trendbewegung nach oben hin verschoben. Irgendwann wird einer der Stops getriggert. In den meisten Fällen geschieht dies, wenn die intensivste und schnellste Aufwärtstrendbewegung vorbei ist. Sollte die Aktie dann trotzdem noch weiter steigen, ist dies in der Regel mit viel Unruhe, Volatilität, Fake-Ein- & Ausbrüchen verbunden. Die zusätzlichen Profite sind das Risiko nicht wert, einen Teil der hart verdienten Gewinne wieder abzugeben.

Vierzehnte Regeln der Spekulation: Niemals auf die Meinung der leute in Bezug auf die Gesamtmarktrichtung hören - nur nach den führenden Aktien und Indizes handeln.

Boyd sagte stets, dass der einzige beständige Gewinner an der Börse der Markt selbst sei. Der Markt liegt nie falsch. Die Menschen jedoch liegen fast immer falsch. Der Mensch irrt sich entweder in der Richtung oder im Timing. So oder so haben die meisten Menschen nur eine sehr geringe Chance, hohe Profite zu erzielen. Jeder von uns hat seine eigene Art der Voreingenommenheit und seine eigene Agenda an der Börse.

Wenn ein Mensch nach seiner Meinung gefragt wird, hängt die Antwort stark von der eigenen Voreingenommenheit ab. Wenn der Befragte am Markt long positioniert ist, ist es unwahrscheinlich, dass er eine negative Prognose abgibt. Wenn der Befragte auf der Short-Seite steht, ist es ebenso unwahrscheinlich, dass er sonderlich optimistisch ist. Was auch immer die eigene Position des Befragten aussehen mag, sie wird ausschlaggebend für seine Meinung über den Markt als Ganzes sein.

Boyd pflegte zu sagen, dass CNBC, Bloomberg und andere Fernsehsender für immer abgeschaltet werden sollten und von Spekulanten niemals gesehen werden sollten. In der heutigen Zeit werden Börsennachrichten und -daten von allen Medien zu jeder Tageszeit ausgestrahlt. Und so ist es schwer, sich der Flut von Informationen zu entziehen, aber ein echter Spekulant wird sich immer daran erinnern, dass er nur den führenden Aktien und Indizes seine Aufmerksamkeit schenken sollte. Die Wahrheit ist dort zu finden, nicht jedoch in irgendeiner Meinung. Dabei spielt es keine Rolle, wer der Befragte ist. Boyd meinte: „Ich habe einige sehr erfolgreiche Spekulanten gekannt, die aufhörten, so erfolgreich zu sein, sobald sie anfingen, den Medien die eigene Meinung vorzuplappern. Die Medien geben einem das Gefühl, wichtiger zu sein, als man ist, und plötzlich wird ein disziplinierter Spekulant zum Opfer des menschlichen Elements, in dem Fall der Selbstherrlichkeit. Wunschdenken hält Einzug, anstatt die kalte Distanz zu wahren und zu sehen, was der Markt tatsächlich anzeigt."

Vielleicht war es diese Art der Disziplin, die Boyd vom Rampenlicht fernhielt. Er mied jegliche Aufmerksamkeit der Marktinsider und -teilnehmer. Wie ich bereits sagte, kannten ihn nur sehr wenige und noch weniger kannten ihn wirklich gut. Wenn er nach seiner Meinung zur Börse gefragt wurde, sagte er: „Hören Sie nicht auf das, was ich sage, denn das, was ich sage, könnte auf Voreingenommenheit beruhen. Sie sollten den Markt mit Ihren eigenen Augen sehen und mit denen von niemandem sonst. Da Sie jedoch gefragt haben, kann ich nur auf zwei Arten antworten... entweder ist der Markt handelbar oder er ist nicht handelbar. Auf einem handelbaren Markt kann man handelbare Gewinne erzielen und auf einem nicht handelbaren Markt kann man keine Gewinne erzielen. Dieser hier ist ein nicht handelbarer Markt. Es ist besser, im Moment nichts zu kaufen."

Fünfzehnte Regel der Spekulation: Aktien machen, was sie wollen. Niemand kann eine Aktie davon abhalten, sich in die eine oder andere Richtung zu bewegen.

Auf den ersten Blick mag diese Regel sehr simpel klingen, aber die Idee dahinter ist, dem Spekulanten einzubläuen, dass Aktien fast nie einem Drehbuch folgen werden. Mit anderen Worten: Auch wenn die Bedingungen auf einen Aufwärtstrend hindeuten und führende Aktien Fahrt aufnehmen, kann jederzeit eine Trendwende eintreten. Eine Aktie kann jederzeit ihren Stop-Loss erreichen und den Verkauf auslösen. Auch eine Aktie, die sich eindeutig in einem starken Aufwärtstrend befindet, kann sich jederzeit umkehren. Auf dem Aktienmarkt kann jederzeit alles passieren. Egal wie sicher sich ein Spekulant einer bevorstehenden Bewegung ist, er könnte sich in seiner Einschätzung des gesamten Trends irren. Andererseits könnte der Spekulant auch völlig Recht haben und einfach nur Opfer einer schweren Turbulenz werden. Man könnte in allen Punkten richtig liegen und dennoch aufgrund einer Aktion eines Big Players aus der Position gedrängt werden. Diese Dinge passieren auch den Besten von uns. Der Markt ist ein kompliziertes Gebilde und die Herausforderungen sind zahlreich.

Sechzehnte Regel der Spekulation: Die Entscheidungsfindung sollte einfach sein. Das Leben ist auch so schon reichlich kompliziert. Es gibt keinen Grund, es durch schwere Entscheidungen im Aktienhandel noch komplizierter zu gestalten.

Je tiefer wir graben, desto tiefer wird das Loch. Boyd pflegte zu sagen, dass die meisten Menschen in ihrem Drang nach Recherche und des Drangs, als Erster den Schatz zu erreichen, Dinge sehen, die es nicht gibt. Die angeborene Voreingenommenheit und der Wunsch, noch vor der Masse ein wahres, noch unerschlossenes Juwel entdeckt zu haben, lassen den Menschen dumme Fehler machen. Das Geheimnis besteht darin, nicht einzusteigen, bevor eine Bewegung eingesetzt hat, denn diese könnte theoretisch nie einsetzen. Oder schlimmer noch, die Bewegung kann beginnen, aber in die falsche Richtung gehen. Der wahre Spekulant weiß, dass es immer am Besten ist, einzusteigen, wenn die Bewegung in vollem Gange ist. Zu warten, bis die Bewegung in vollem Gange ist, erfordert ein Abschwören aller typischen Lebenslektionen, die wir gelernt haben. Wir wurden einer Gehirnwäsche unterzogen und uns wurde eingetrichtert, dass „der frühe Vogel den Wurm fängt". Dies lässt die Menschen glauben, dass sie mit einer hervorragenden Recherche und Kenntnis eines Unternehmens und dessen Produkten Gewinne einfahren können, sobald die Aktie abhebt. Ein echter Spekulant hingegen wartet ab, bis er weiß, dass die Aktie tatsächlich anzieht - bevor er sich engagiert. Es ist schwer, die Lektionen des Lebens zu verlernen und dann neue Lektionen einzuprogrammieren, die im Gegensatz zu allem stehen, wovon wir bisher ausgegangen sind.

Siebzehnte Regel der Spekulation: Es ist die Natur des Marktes, uns zu verwirren und zu täuschen. Daher stets alles prüfen und bestätigen. Wenn schon Eile, dann bei Verkauf eines Verlustbringers statt vorzeitigen Abstoßens eines Gewinners. Sonst sollten Stop-Loss-Orders unsere Entscheidungen übernehmen.

Wir haben alle haben schon von ihnen gehört: 10.000 €, die bei rechtzeitiger Investition in Wal-Mart, Cisco oder Microsoft Abermillionen an Profiten abgeworfen haben. Die Wahrscheinlichkeit, dass jemand einen solchen

Treffer wählt und über Jahrzehnte hinweg durch Höhen und Tiefen hält, ist in der Tat verschwindend gering. Nehmen wir an, wir hätten bei der Gründung von Cisco deren Aktien im Wert von 10.000 € gekauft. Gehen wir jetzt davon aus, dass unser Kontowert nach einiger Zeit auf 150.000 € angestiegen ist. Die Versuchung, auf diesem Niveau zu verkaufen, ist groß. Die Versuchung wird noch größer, sobald unsere 150.000 € schrumpfen. Nehmen wir nun an, die 150.000 fallen auf 125.000 und anschließend auf 90.000... wie viele würden solche Korrekturen mitmachen? Niemand wird jemals ehrlich diese Frage stellen, weil die Maschinerie nicht will, dass wir „realistisch" sind. Die Maschinerie will, dass wir uns auf die Buy & Hold-Strategie konzentrieren, die uns angepriesen wird. Wenn das so eine tolle Idee wäre, hätte niemand während der Talfahrt 2000-2003 Verluste erlitten. Wie lief es denn für die Aktienbesitzer von Global Crossing, Worldcom usw., die an ihren 50-Dollar-Aktien festhielten, bis diese nur noch einen Cent wert waren?

Achtzehnte Regel der Spekulation: Ausbrüche sind solide Wetten! In einem steigenden Markt deuten Ausbrüche, die die meisten Kriterien eines realen Ausbruchs erfüllen, in der Regel auf den Beginn eines echten Aufwärtstrends hin.

Gap-Ups wurden in einer früheren Lektion behandelt. Diese sind echte Indikatoren für den Beginn einer ernsthaften Aufwärtsbewegung. Je nach Stadium des Marktzyklus und je nachdem, wo wir uns im Zyklus einer jeweiligen Aktie befinden, bietet eine solche Bewegung gute Chancen auf einen langen Lauf. Die größte Herausforderung bei einem realen Ausbruch besteht darin, einen effektiven Weg zu finden, um erfolgreich den besten Teil der Bewegung mitzunehmen.

Neunzehnte Regel der Spekulation: Das Volumen am Ausbruchtag sollte explodieren. Wenn ein Spekulant die Absicht hat, nur eine Handvoll potenzieller Engagements im Jahr einzugehen, sollte er mindestens das durchschnittliche Tagesvolumen voraussetzen, das innerhalb der ersten Stunde gehandelt wird.

Boyd hatte während eines anderen Frühstücks über die Bedeutung von ausbrechenden Aktien gesprochen. Wir wissen, dass die Maschinerie Ausbrüche als eine Bewegung von einer Handelsspanne zu einer anderen definiert, ohne Rücksicht auf den tatsächlichen festen und bestätigten Trend der Aktie oder des Marktes. Ein wirklicher Ausbruch ist nach unserer Definition eine Aktie, die sich zunächst über einen langen Zeitraum (von Monaten bis Jahren) in einer Bodenbildung befindet. Nach dieser Phase beginnt die Aktie einen deutlich sichtbaren, starken Aufwärtstrend zu neuen Allzeithochs, der sich durch ein hohes Handelsvolumen bestätigt. Nachdem sich ein solcher Aufwärtstrend etabliert hat, legt die Aktie eine gewisse Zeit lang (von Wochen bis Monaten) eine Pause ein bzw. konsolidiert. Nach der Ruhephase bricht die Aktie nach oben aus und erreicht ein neues Allzeithoch, das wiederum durch hohes Volumen bestätigt wird. Dies ist unser tatsächlicher Ausbruch.

Wenn wir die Art von Spekulanten sind, die nur die besten Aktien aus den besten Bereichen zum richtigen Zeitpunkt handeln wollen, dann sollten wir verlangen, dass wir innerhalb unserer Beobachtungsliste immer nur die Top 2 oder 3 Aktien im Auge behalten. Und sollte eine dieser Top-2- oder Top-3-Aktien mit einem hohen Volumen ausbrechen, das unseren Schwellenwert wirklich erreicht, dann wird sie zum Kauf.

Wenn eine Aktie an einem durchschnittlichen Tag mit 500.000 Aktien gehandelt wird, muss sie innerhalb der ersten Handelsstunde 500.000

Aktien handeln, um unseren Schwellenwert für einen Kauf zu erreichen. Die erste Handelsstunde liegt, wie wir wissen, zwischen 9:30 Uhr und 10:30 Uhr amerikanischer Ostküstenzeit.

Zwanzigste Regel der Spekulation: Jeder einzelne Trade erfordert ein schriftliches Protokoll. Nur so lernt man aus Fehlern.

Ein perfekter Spekulant geht jeden Trade mit reiflicher Überlegung an. Er wird seine Liste von Regeln abhaken, bevor er zu dem Schluss kommt, dass ein Engagement sehr wahrscheinlich profitabel ist. Und selbst wenn die Regeln einen solchen Hinweis geben, steigt er nur mit Testkäufen oder kleinen Beträgen ein, um zu sehen, ob die Einschätzung zutrifft.

Wenn sich der Testkauf als richtig erweist, wird er in einem zweiten Schritt weitere Käufe tätigen. Jeder weitere Schritt richtet sich nach dem Ergebnis des vorangegangenen Schritts. Mit anderen Worten: Man geht einen Schritt nach dem anderen und bewegt sich sukzessive vorwärts. Um die Disziplin fest in Geist und Psyche zu verankern, sollte man die wichtige Angewohnheit entwickeln, jeden einzelnen Trade, den man ausführt, aufzuschreiben.

Der Grund für den Kauf, die gekaufte Menge, der Preis und das Datum, an dem der Kauf ausgelöst wurde, werden in einer Trading-Tabelle notiert. Die Stop-loss-Orders werden direkt entlang der Trendbewegung gezogen. Diese werden ebenfalls notiert, zusammen mit den Gründen für deren Nachziehen. Irgendwann wird eine solche Order ausgelöst und die Position wird mit Gewinn geschlossen. Das Verkaufsdatum, der Verkaufspreis und der erzielte Betrag werden nun ebenfalls notiert.

Ein Beispiel hierfür ist in Tabelle 1 abgebildet. Dies ist eine Reproduktion von Boyds Aufzeichnung, das er mir zu seinen Geschäften mit Taser International angeboten hatte. Ich hatte in meinem ersten Buch „Die perfekte Aktie" über seine Geschäfte mit Taser berichtet, bei denen er innerhalb von sechs Monaten einen unglaublichen Gewinn von etwa 1,8 Millionen Dollar bei einer Investition von etwa 250.000 Dollar erzielt hatte.

Datum	Handlung	Ticker-Kürzel	Anzahl	Preis	Grund der Handlung
03/10/03	Kauf	TASR	1500	$32.68 GTC	Ausbruch zu neuen Allzeithochs nach dem Ausbruch am 17.9., unter dem höchsten Volumen in 52 Wochen, bestätigt durch Wochencharts.
03/10/03	Stop-Loss	TASR	1500	$29.68 GTC	Standard 10% Stop-Loss-Regel zwecks Verlustschutz bzw. Kapitalerhalt
20/11/03	Kauf	TASR	2800	$69.75 GTC	Pyramidenkauf, da Aktie nach wochenlanger Konsolidierung neue Höchststände erreichte.
20/11/03	Stop-Loss	TASR	4300	$56.84 GTC	Standard 10% Stop-Loss-Regel unterhalb des letzten Kaufkurses. Darüber hinaus Verlustabsicherung des Gesamttrades.
09/01/04	Kauf	TASR	2150	$93.75	Margin-Pyramidenkauf, da Aktie nach mehrwöchiger Konsolidierung neue Allzeithochs erreichte.
09/01/04	Stop-Loss	TASR	6450	$85.22 GTC	Standard 10% Stop-Loss-Regel unterhalb des letzten Kaufkurses. Darüber hinaus Verlustabsicherung des Gesamttrades.
27/02/04	Stop-Loss	TASR	6450	$142.50 GTC	Stop leicht unter dem Tief der letzten Woche, da die Reaktion der letzten Woche bei hohem Volumen heftig ausfiel.
26/03/04	Stop-Loss	TASR	6450	$173 GTC	Stop leicht unter dem Tief der letzten Woche.
02/04/04	Stop-Loss	TASR	6450	$209 GTC	Stop leicht unter dem Tief der letzten Woche.

09/04/04	Stop-Loss	TASR	6450	$232 GTC	Stop leicht unter dem Tief der letzten Woche.
16/04/04	Stop-Loss	TASR	6450	$277 GTC	Stop leicht unter dem Tief der letzten Woche.
19/04/04	Markt-Verkaufs-order	TASR	6450	$351	Verkauf gegen Ende des Tages, als die Aktie nach oben ausbrach.

Tabelle 1. Boyds Tradingaufzeichnungen

Boyd sagte einmal: „Die Kunst des Lernens durch Schreiben ist verloren gegangen. In der heutigen Zeit, in der niemand mehr von Hand schreibt, geht die wahre Kunst des Schreibens verloren. Früher habe ich meine Lektionen in der Schule durch das Aufschreiben gelernt. Die Prinzipien des Lernens sind seit Ewigkeiten ebenso mit der Kunst des Schreibens verbunden. Wenn man etwas oft genug aufschreibt, ist es schwer zu vergessen. Und wir Menschen vergessen eben alles. Um diese menschliche Schwäche zu überwinden, habe ich vor langer Zeit gelernt, alle meine Aktionen aufzuschreiben. Auf diese Weise kann ich auf meine profitablen Trades zurückgreifen und sehen, was ich richtig gemacht habe. Genauso kann ich auf meine Verlustgeschäfte zurückblicken und sehen, wo ich Fehler begangen habe. Die Gewinn- und Verlustgeschäfte werden sich in der Zukunft vielleicht nicht exakt so wiederholen, aber es wird genügend Ähnlichkeiten geben, die ich mir aufgrund meiner früheren Erfahrungen zunutze machen kann. Dies ist ein unschätzbar wertvolles Hilfsmittel. Wie alles andere bei einer erfolgreichen Spekulation erfordert dies jedoch Disziplin. Und Disziplin, mein Freund, stellt sich erst nach hohen Verlusten ein."

Zusammenfassung:

Aktien, die weniger als 15-20% von ihren bisherigen Allzeithochs entfernt sind, sollten wir im Auge behalten. Kurse sollten jedoch nicht in Echtzeit beobachtet werden. Nur Daytrader beobachten den Markt unaufhörlich. Menschen, die uns etwas über den allgemeinen Zustand des Marktes erzählen wollen, sollten ignoriert werden - wir verlassen uns ausschl. auf die führenden Indizes. Die Aktien werden tun, was sie wollen. Niemand kann eine Aktie davon abhalten, sich in die eine oder andere Richtung zu bewegen. Die Entscheidungsfindung sollte einfach sein, denn das Leben ist bereits ziemlich kompliziert. Es ist nicht nötig, sich mit schweren Entscheidungen beim Aktienhandel zusätzlich zu belasten. Es liegt in der Natur des Marktes, uns zu verwirren und zu täuschen. Achten wir deshalb immer auf bestätigende Signale. Keine hektischen Entscheidungen über Kauf oder Verkauf treffen, stattdessen sollten unsere Stop-Loss-Ordersdie Entscheidungen für uns übernehmen. Ausbrüche sind solide Wetten! In einem steigenden Marktumfeld zeigen Gap-Ups, die die meisten Kriterien eines realen Ausbruchs erfüllen, in der Regel der Beginn einer bedeutenden Aufwärtsbewegung an. Das Volumen am Tag des Ausbruchs sollte explodieren. Wenn ein Spekulant die Absicht hat, nur eine Handvoll potenzieller Trades pro jahr zu platzieren, sollte er mindestens das durchschnittliche Tagesvolumen der Aktie verlangen, das innerhalb der ersten Stunde des handelstages anfällt. Zudem sollten wir unsere Tradingaktivitäten niederschreiben, um aus Fehlern die richtigen Schlüsse ziehen zu können.

KAPITEL 14

GRUNDLAGENAUFFRISCHUNG

Als ich mich dem Ende der Lektionen und der Frühstückstreffen mit Boyd näherte, war mir klar, dass sich mein Schreibstil deutlich von dem von Boyd unterscheiden würde. Mir war auch bewusst, dass ich dazu neigte, anzunehmen, dass meine Leser mit meinem Denken übereinstimmten. Das führte dazu, dass meine Texte für diejenigen, die meinen Gedankengängen nicht folgen konnten, etwas holprig rüberkamen.

Um dieses Manko zu beheben, dachte ich mir, dass ich vielleicht einige der Grundlagen in verschiedenen Formen wiederholen sollte, um es dem Leser zu erleichtern, die Grundlagen in verschiedenen Ausprägungen zu verinnerlichen. Ich hatte hierbei natürlich auch ein Eigeninteresse, denn ich wusste, wenn ich die Lektionen aufschreiben würde, könnte ich viel für mich selbst lernen. Frei nach Boyd, der betont hatte, dass wir schreiben sollten, um zu lernen, kam ich immer besser zurecht, indem ich das, was

ich wusste und das, was Boyd wusste, selbst notierte. Je mehr ich nieder-
schrieb, desto klarer wurde das Bild.

Zu diesem Zeitpunkt erkannte ich den wahren Wert von Boyds Regel,
dass man alle Geschäfte, die man tätigt, aufschreiben sollte. Und warum
diese Aufzeichnungen vollständige Details zu den Gründen, Beträgen, Ge-
winnen/Verlusten usw. enthalten sollten. Es gibt nun mal keinen Ersatz für
die richtige Praxis. Übung macht den Meister und man lernt nur durch
Handeln.

Es war mir klar, dass ich und viele andere auch die reinen Prinzipien
der Spekulation, wie sie von Boyd dargelegt wurden, durch tatsächliche
Erfahrungen auf dem Markt anwenden musste. Mir war auch bewusst,
dass nur wenige in der Lage sein würden, die Bedeutung jeder einzelnen
Regel zu begreifen, sofern der jeweilige Spekulant nicht selbst die Wirkung
von Verlusten erlebt. Es sind jene Verluste, welche die wahren Lektionen
erteilen. Die Regeln werden erst nach anhaltenden und schweren Verlusten
wirklich deutlich.

Daher musste ich irgendwie versuchen, die Neulinge davon zu überzeugen, dass es immer am besten ist, mit einem minimalen Betrag anzu-
fangen, bevor man sich auf große Engagements einlässt. Die Lernkurve
verläuft lang und gemächlich und wird viele Verluste mit sich bringen.
Um die Jahre und die Zyklen des Lernens zu überstehen, braucht man vor
allem Geduld. Außerdem muss man in der Lage sein, nur einen kleinen
Betrag in den Markt zu investieren, um praktisch zu lernen, bevor man
die richtigen Trades mit den besten Profitchancen platzieren kann. Man
muss schlicht erlernen, die besten Gewinnchancen korrekt auszunutzen,
bevor man große Summen riskiert. Es ist sinnlos, signifikant Kapital in
Trades mit niedrigen Profitchancen zu investieren. Das garantiert früher
oder später nichts als Verluste in erheblichem Umfang.

Da die meisten von uns nur mit begrenztem Kapital in den Markt einsteigen, müssen wir lernen, ohne signifikante Verlustzahlen zu verlieren und daraus zu lernen. Lernen erfordert Zeit und auch Verluste. Wir sind nicht wie die großen Fonds, die über nahezu unbegrenzte Reserven verfügen. Die sind in der Lage, enorme Verluste zu verkraften und während eines ernsthaften Aufwärtstrends dennoch zurückzukommen. Wir müssen jedoch darauf achten, dass die Mittel, die wir haben, erhalten bleiben und wir sie nicht verlieren, statt zu versuchen, in einem lausigen Marktumfeld Brotkrümel aufzusammeln. Und dann mittellos dazustehen, wenn ein echter Aufwärtstrend beginnt.

Zu den vielen häufigen Fehlern, die die meisten Anfängern unterlaufen, gehören übertrieben viele Trades und Arroganz. Diese beiden Schwächen allein können einen schnell und hart treffen. Unter guten Marktbedingungen kann die Wahrscheinlichkeit, Gewinne zu erzielen, über 50% liegen. Unter schlechten sollte es jedoch naheliegend sein, zu erwarten, dass die Gewinnchancen auf deutlich unter 20% sinken. Das bedeutet, dass vielleicht einer von fünf Trades unter schlechten Bedingungen profitabel endet. Darüber hinaus wird es sich als sehr schwierig erweisen, einen erfolgreichen Trade durchzuführen, da es sehr viele falsche Ein- und Ausbrüche den Markt erschüttern und es fast unmöglich wird, die Aktie zu halten, ohne liquidiert zu werden. Da das große Geld nur gemacht wird, wenn man eine Aktie 4, 6 oder 8 Monate lang halten kann, sollten wir uns fragen, was uns Gewinneraktien eigentlich nützen, wenn sie uns nicht erlauben, sie über einen längeren Zeitraum zu halten? Das heißt, selbst wenn man das Glück oder das Know-How hätte, einen gewinnbringenden Trade unter schlechten Bedingungen auszuführen, ist die Wahrscheinlichkeit groß, dass man keine nennenswerten Gewinne erzielen kann. Infolgedessen wird die Verlustsumme immer größer, da schließlich nur einer von fünf

Trades überhaupt in der Profitzone schließt. Es ist deshalb weitaus besser, Liquidität bereitzuhalten und nicht zu handeln, solange die Chancen schlecht stehen. Das ist jedoch eine Lektion, die man erst nach jahrelanger Erfahrung und großen Verlusten lernt.

In meinem früheren Buch „Die perfekte Aktie" hatte ich den Prozess des Lernens an der Börse mit dem Prozess der Pubertät verglichen. Fast alle von uns erinnern sich, wenn wir uns nur genug anstrengen, an die längst vergangenen Tage, als wir die Pubertät durchlebten und die Weisheiten unserer Eltern zu hören bekamen. Kaum jemand von uns hielt seine Eltern zu diesem Zeitpunkt jemals für weise. Wir alle dachten: „Die Zeiten sind jetzt anders. Was wissen die schon?" Nun, beim Lernprozess an der Börse verhält es sich ähnlich. Als Neulinge durchlaufen wir alle Phasen, in denen wir glauben, alles zu wissen, dass der Markt mit Leichtigkeit geschlagen werden kann, dass der Bulle nie nachlässt, der Bär nie auftaucht, dass die alten Zeiten längst vorbei sind und viele andere typische Aussagen von Unerfahrenen. Willkommen im Erwachsenenleben! Niemand kann sich den Zyklen entziehen. Erst nach vielen Jahren der Entbehrungen und der Schwierigkeiten, auf dem Markt Fuß zu fassen, lernen wir dazu. Genau wie die Lektionen, die wir im Erwachsenenalter lernen, dass das, was unsere Eltern uns gesagt haben, zutreffend war und sie tatsächlich etwas über das Leben wussten, als wir noch ahnungslose Teenager waren. Wenn wir versuchen, unseren Nachkommen ähnliche Lektionen zu vermitteln, sollte es nicht weiter überraschen, dass sich deren Reaktionen nicht von denen aus unserer Jugendzeit unterscheiden.

Die Lektionen des Marktes wirken ebenso. Die Menschen wollen sie jedoch weder hören noch erlernen. Sie wollen leichtes Spiel, billiges Geld und Schnäppchen im Überfluss. Wenn man nur seinen Verstand und harte

Arbeit zu nutzen weiß, können die Belohnungen immens sein. Doch dazu braucht man Zeit und Geduld - nicht gerade eine menschliche Stärke.

Zusammenfassung:

Halte die Dinge einfach und unkompliziert. Es wird sich auszahlen.

KAPITEL 15

DIE GRUNDROUTINE

Während der letzten Tage meiner Treffen mit Boyd bat ich ihn, mich in seine typische Routine einzuweihen, wenn er in den Markt einstieg und machte mir eilig Notizen, als er an diesem Tag sprach. Ich wollte meine tägliche Routine nach seinem Vorbild gestalten. Wie sich herausstellte, brauchte ich nicht allzu viele Notizen zu machen, denn seine Routine war simpel - eben genau so, wie er es mochte. An diesem Abend tippte ich die Zusammenfassung der Lektionen des Tages ab. Und die sah wie folgt aus:

Beginne jedes Wochenende mit einem Blick auf die Wochencharts der Indizes DJIA, Nasdaq, S&P500 und der Transports. Achte hierbei besonders auf die Kurs-/Volumenentwicklung und prüfe, ob sich die Indizes in einem bestimmten Trend befinden. Falls kein Trend eindeutig bestimmbar sein sollte oder sich der Markt in einem Abwärtstrend befindet, ist es ratsam, abzuwarten und auf bessere Bedingungen zu warten.

Wenn der Trend eindeutig ist und nach oben zeigt, dann ist es an der Zeit, testweise Aktien zu kaufen, die Merkmale eines bestätigten Aufwärtstrends aufweisen.

Um zu erkennen, wo ein genauer Blick lohnt und welche Aktien das richtige Potenzial besitzen, wirf einen Blick auf Aktien, die neue 52-Wochen-Hochs erreichen. Schau dir dann deren Allzeitcharts an und überprüfe, ob sie die richtige Kombination von Kurs- und Volumenentwicklung aufweisen. Ist dies der Fall, sollten die passenden Kandidaten auf eine Beobachtungsliste gesetzt werden.

Anschließend sollten wir uns zusätzlich zu den bereits notierten Aktien auch die Schwesteraktien dieser Unternehmen ansehen. Sollten diese eine ähnliche Entwicklung aufweisen wie die Aktien auf der Beobachtungsliste, dann stehen die Chancen für diese beiden Aktien besser als für alle anderen.

Prüfe nun, ob einer der Kandidaten in den Bereich des Allzeithochs vordringt oder sich diesem zumindest nähert. Die, bei denen dies der Fall ist, finden einen Platz in einer zweiten Liste der besonders aussichtsreichen Aktienkandidaten. Sobald wir diese Short-Liste erstellt haben, sollten wir uns mit den täglichen Aufgaben befassen. Das bedeutet, dass wir uns nach Börsenschluss die Tages-, Wochen- und Monatscharts jeder notierten Aktie ansehen sollten. Die Tages-Charts können bis zu ein Jahr zurückreichen, Wochencharts auf maximal 3 Jahre. Die Monatscharts bilden die Gesamthistorie ab. Wenn das, was wir vermuten, von allen drei Charts (Tages-, Wochen- und Monatscharts) ist dies ein signifikantes Indiz. Mit anderen Worten: Wir sitzen dann vermutlich weder Täuschungsmanöver noch Wunschdenken auf. Sobald wir solche Aktien identifiziert haben, müssen wir unseren genauen Einstiegskurs festlegen.

Hierfür verfolgen wir jedes Wochenende auf den Wochencharts die Bewegungen, welche die führenden Indizes zeigen.

Sobald ein Einstieg in eine einzelne Aktie erfolgt ist, muss sofort eine entsprechende Stop-Loss-Order gesetzt werden. Diese kann erst dann nach oben verschoben werden, wenn sich die Aktie als 20/4-Typ bewiesen hat. Ist dies eingetreten, wird der Stop-Loss etwas über den Kaufkurs verschoben, damit wir im Worst-Case immerhin unbeschadet herauskommen. Danach darf unsere einmal platzierte Stop-Loss-Order nicht mehr verändert werden, bis sich eine neue, anhand der zuvor besprochenen Parameter, ergibt.

Stop-Loss-Orders sollten nach Möglichkeit nur auf der Grundlage von Wochencharts angepasst werden.

Die Beobachtung des Intraday-Handels sollte vermieden werden.

Schalte den Fernseher aus (CNBC, Bloomberg und andere), kündige deine Abos aller großen Wirtschafts-, Investment- und Börsenpublikationen. Je bekannter die Medien sind, desto schlechter sind das Timing und die Prognosen des Marktes. Um am Markt erfolgreich zu sein, muss der Spekulant die Tendenz richtig einschätzen und das Timing der Marktbewegungen erkennen können. Außerdem muss ein erfolgreicher Spekulant in der Lage sein, losgelöst von anderen zu denken und zu handeln. Anders gesagt: Wenn der Markt am vielversprechendsten aussieht, muss man verkaufen, und wenn der Markt am schlechtesten wirkt, sollte man kaufen. Mitunter heißt es sogar, dass bei guten Aussichten kein Kauf angeraten ist und bei schlechten kein Verkauf. Wie dem auch sein: Wie der Markt für die breite Öffentlichkeit oder die Medien erscheint, sollte niemals eine Rolle für die eigene Entschridungsfindung spielen.

Zusammenfassung:

Entwickle und befolge deine eigene tägliche und wöchentliche Routine. Es gibt keinen Ersatz für einen festen Ablauf bei der Umsetzung der eigenen Regeln für erfolgreiches Spekulieren.

KAPITEL 16

DAS ENGAGEMENT ERFOLGT NACH DEM EINSETZEN EINER BEWEGUNG

Es ist kaum zu fassen, wie sehr sich der Gedanke in unseren Köpfen festgesetzt hat, dass wir den Zug erwischen müssen, *bevor* er anfährt. Vielleicht kommt das von unserer Höhlenmenschen-Mentalität, bei der derjenige, der als erster die Jagd beginnt, auch als erster speist. Oder vielleicht sind es die lebenslangen Lektionen, die wir von Kindheit an lernen, dass das Leben ein Wettlauf ist und dass die Chancen, die Konkurrenz zu schlagen, umso größer sind, je früher wir das Rennen beginnen. Vielleicht sind es aber auch die Annahmen, die wir im Laufe der Jahrhunderte gelernt haben, dass derjenige, der als erster das Gold ausgrub, auch Anspruch auf den Schatz hatte.

Das Mantra „Der frühe Vogel fängt den Wurm" ist ein derartig fester Bestandteil unserer menschlichen Psyche, dass die Masse es stets eilig hat, die Trendwenden perfekt erwischen zu wollen. Dieses Massendenken wird von Insidern angeheizt, die jede kleine Rallye als Beginn oder Fortsetzung eines Bullenmarktes propagieren. Selbst der Begriff „Bullenmarkt" beschwört das Bild eines angreifenden Bullen herauf, der vorneweg prescht. Die Marketing-Maschinerie wird in Gang gesetzt und der nächste Hype ist immer nur wenige Augenblicke entfernt. Selbst in den tiefsten Abgründen eines Bärenmarktes produziert die Marketingmaschinerie neue Interessenten und neue Must-Have-Listen, mit denen sie die Öffentlichkeit anfixen.

Boyd pflegte zu sagen, dass das meiste Geld während der Phase einer Jagd nach der nächsten Hausse in einem Bärenmarkt verloren geht. Ein klassischer Spruch von ihm lautete: „Niemals kaufen, bevor die Bewegung nicht definitiv eingesetzt hat". Doch wie viele von uns können die vorgeblichen Rallyes wirklich ignorieren und abwarten? Das Bedürfnis, nichts zu verpassen, ist so stark ausgeprägt und so mächtig, dass selbst die besten von uns sich mit einer Reihe von starren Regeln ausstatten müssen, um die allgegenwärtigen Fallen zu umgehen.

An der Börse ist es immer besser, zu spät als zu früh zu sein. Mit anderen Worten: Niemals zu früh auf der Party antanzen, denn es gibt keine Garantie dafür, dass die Party auch ein Erfolg wird. Es ist besser, zu warten und sich zu vergewissern, dass die Party wirklich ein Kracher wird, bevor man die Gläser schwenkt. Es ist deshalb immer besser, etwas zu spät als etwas zu früh einzutreffen. Die Fragen, die wir uns dabei stellen müssen, lauten:

- Wenn ich frühzeitig einsteige, welche Garantie habe ich dann, dass der Zug überhaupt losfährt?
- Selbst wenn die Bewegung einsetzt, welche Garantie gibt es, dass die Bewegung meiner anvisierten Richtung folgt?
- Wie lange sollte ich auf die tatsächliche Bewegung warten?

Die Mentalität der Spekulanten, erst einmal abzuwarten, ob sich etwas tut, bevor sie sich engagieren, funktioniert in allen Lebensbereichen und nicht nur bei der Suche nach Reichtum an der Börse. So ist es auch bei Immobilien. Es macht keinen Sinn, eine Immobilie zu kaufen, ohne zu wissen, ob es eine Nachfrage nach Wohnraum gibt. Man könnte sein ganzes Leben lang auf einer nutzlosen Immobilie sitzen bleiben. Andererseits haben sich viele Immobilienspekulationen für diejenigen ausgezahlt, welche die Geduld aufbrachten, bis der Markt wirklich in Bewegung geraten ist.

Zusammenfassung:

Keine Engagements, bevor nicht klar ist, ob die eigene Prognose zutrifft.

KAPITEL 17

ERFAHRENER VERLIERER ODER GEWINNER MIT ERFAHRUNG?

Man lernt durch praktisches Handeln. Wir lernen zu krabbeln, indem wir tatsächlich auf allen Vieren krabbeln. Wir lernen zu gehen, indem wir selbstständig gehen. Wir lernen zu laufen und zu schwimmen, indem wir selbst damit anfangen und üben. Ja, während wir krabbeln, gehen und laufen lernen, fallen wir hin und verletzen uns. Und während wir schwimmen lernen, trinken wir schon mal unfreiwillig etwas schmutziges Wasser, unsere Augen tun weh und unsere Ohren schmerzen. Aber wenn der Lernprozess erstmal abgeschlossen ist, kennen wir die Fallstricke, die wir vermeiden müssen. Wir fallen zwar immer noch ab und zu hin, aber wir verletzen uns kaum noch ernsthaft.

Am Aktienmarkt ist das nicht anders. Der Lernprozess ist langsam, langwierig und schmerzhaft. Wenn man jedoch das Handtuch wirft, hat man keine Chance, die Lektionen erfolgreicher Spekulation zu lernen.

Die meisten Leute wollen einfache, direkte Antworten, um an den Märkten erfolgreich zu sein. Wenn Leute wie Boyd Hunt nachgeben und wirklich erprobte Lektionen anbieten, wollen die Studenten jedoch nicht zuhören. Die Lektionen, die von Leuten wie Boyd angeboten werden, sind für die Meisten zu langwierig, altmodisch, versprechen nur langsam Gewinne und erfordern eine enorme Dauer des Nachdenkens, Lernens und Verstehens der Märkte. Es erfordert auch, dass wir andere Lektionen des Lebens in Frage stellen. Die wichtigsten Herausforderungen betreffen jedoch die Selbstdisziplin und die Überwindung des „menschlichen Elements" - also mentaler Schwächen.

Boyd würde sagen, dass der Markt voller erfahrener Leute ist. Die meisten von ihnen sind jedoch erfahrene Verlierer, denn in einem Zehnjahreszyklus haben die meisten schon Glück, wenn sie eine ausgeglichene Bilanz erzielen. Die Gewinner mit Erfahrung sind rar und bleiben meist unsichtbar. Der erfahrene Gewinner muss logischerweise schweigen, denn er muss bärisch sein, wenn die ganze Welt bullisch am Toben ist. Wer gegen den Strom schwimmt, riskiert, geächtet zu werden, und wir sind alle soziale Tiere. Niemand von uns wünscht sich, ausgegrenzt zu werden, und diese Erfahrung ist gewiss nicht angenehm.

Besonders jemand wie Boyd, der von Natur aus kühl und distanziert ist, kann erfolgreich sein, da Leute wie er kein Bedürfnis haben, soziale Kontakte zu pflegen. Boyd hatte Jahre damit verbracht, an der Börse Schläge einzustecken. Er hatte seine Lektion auf die harte Tour gelernt. Er hatte es nicht nötig, jemandem seine Fähigkeiten zu beweisen. Er kannte seine Fähigkeiten und nur er allein - das war alles, was für ihn zählte. Er hatte es nicht nötig, mit seinen Profiten oder seinen richtigen Prognosen hausieren zu gehen. Er hatte niemandem etwas zu beweisen. Für ihn lag der Beweis seiner Fähigkeiten im Guthaben seines Kontos. Und dieses Tradingkonto wies mehr als nur ein paar Nullen auf...

Ich fragte Boyd, warum er vor einigen Jahren beschloss, seine Aktiendienstleistungen einzustellen. Schließlich waren seine Picks großartig und sein Markt-Timing war besser als das aller anderen, die ich kannte. Und ich kannte eine ganze Reihe erfolgreicher Marktteilnehmer. Seine Antwort lautete: „Ich kann nicht ewig versuchen, die menschlichen Bedürfnisse aller zu befriedigen. Die Menschen können es nicht erwarten, Kasse zu machen. Ich hatte genug von den Psychospielchen, die die Leute spielten. Als der Markt sich drehte und ich meinen Lesern riet, vorsichtig zu sein, wollten sie optimistisch bleiben und teilten mir mit, dass der beste Bullenmarkt seit Jahrzehnten bevorstehe. Sobald sich herausstellte, dass ich richtig lag, hatten viele Leser das Gefühl, dass ich ihre Intelligenz beleidigte, sobald ich darauf hinwies, dass die Zeichen, die ich sah, sich eindeutig bewahrheiteten."

Er fuhr fort: „Menschen, die schlechte Zeiten nicht abwarten können, können auch in guten Zeiten nicht geduldig sein. Ob die Bedingungen nun gut, schlecht oder neutral sind - Geduld ist der Schlüssel zum Erfolg. Doch niemand hat Geduld. In schlechten Zeiten würde ich vorschlagen, mit Barem ausstaffiert auf die richtige Gelegenheit zu warten. Niemand wollte jedoch die schlechten Zeiten abwarten. Entweder manövrierten sie sich in ein tiefes Loch hinein und kamen wieder heraus oder sie kündigten ihre Abos. Sobald die Goldgräberzeiten eintraten, konnten die Erstgenannten immerhin ein paar Punkte machen. Einige gaben jedoch viel zu früh ihre Siegerpferde auf und verpassten so das eigentliche Rennen. Manch einer war auch zu spät dran, doch in all diesen Fällen war fehlende Geduld der Hauptgrund dafür, dass die wirklich lukrativen Marktbewegungen verpasst wurden."

„Der Markt steckt voller Risiken. Ich kann deshalb nicht rechtfertigen, dass ich 10% verliere, um 10% zu gewinnen. Wenn ich mich am Markt engagieren will, dann sollte dieser mir eine reelle Chance bieten, meinen Einsatz zu verdoppeln. Ansonsten ist das Risiko das Engagement nicht wert. Wenn nicht viele wirklich aussichtsreiche Kandidaten dafür existieren, hat der Handel keinen Nutzen für mich."

„Als ich beschloss, meinen Aboservice einzustellen, erhielt ich diskrete E-Mails und Anrufe von einer Handvoll Leser, die wünschten, dass ich meine Arbeit fortsetze. Am Ende habe ich nur noch diese Leser mit meinen Kommentaren bedient. Diese Leser halten mir nun schon seit vielen Jahrzehnten die Treue und es fällt mir schwer, mich von ihnen zu verabschieden."

„Ich habe diese Menschen in meiner letzten Kolumne darüber informiert, dass ich die Zügel an Sie übergebe und dass Sie so gut sind, wie nur irgendmöglich. Sie trauen meiner Fähigkeit, einen guten Mann zu erkennen, und ich habe wiederum volles Vertrauen, dass Sie meinen Lesern behilflich sein werden und diese Sie im Gegenzug gut behandeln."

„Ich habe nie die Notwendigkeit gesehen, meinen Leserkreis zu erweitern. Ich mochte mein Leben stets überschaubar halten. Und so war ich auch nicht daran interessiert, ein viel gelesener Autor zu werden. Ich würde Sie ermutigen, es dabei zu belassen. Es gibt keinen Grund für die zusätzlichen Probleme, die ein großer Leserkreis mit sich bringt. Man kann leicht den Fokus verlieren und sich zu sehr damit beschäftigen, es allen recht zu machen. Das Ziel des Verfassers dieser Kolumne ist es jedoch, den Markt richtig zu interpretieren, die richtigen Aktien zur richtigen Zeit auszuwählen und diese dann effektiv zu handeln. Solange Sie diese Dinge nicht aus den Augen verlieren, wird es Ihnen gut gehen."

Mir wurde klar, dass Boyd die Zügel bereits jetzt an mich übergeben hatte. Er sagte: „Ich schlage vor, Sie fangen sofort an. Ich schreibe an diesem Wochenende meine letzte Kolumne und werde mich von meinen Lesern verabschieden. Ich bin sehr glücklich und zufrieden mit der Wahl meines Nachfolgers und weiß es zu schätzen, dass Sie die Herausforderung angenommen haben. Ich kann Ihnen versichern, dass Sie viel von den Lesern lernen werden und ich bin mir sicher, dass auch diese viel von Ihnen und Ihrer neuen Perspektive lernen werden."

Als ich an diesem Abend begann, alle meine Notizen aus Boyds Lektionen in Buchform zu bringen, fühlte ich mich einsam, denn ich spürte den bedeutenden Verlust eines großen Mannes und lieben Freundes. Ich fragte mich, an wen ich mich nun in Zeiten der Unsicherheit wenden sollte. Dann wurde mir klar, dass Boyd mir alles gegeben hatte, was ich brauchte, um durch die gefährlichen Gewässer zu navigieren, als er meinte: „Hören Sie auf den Markt und die führenden Aktien. Dann werden Sie nur selten in die Irre geleitet. Hören Sie niemals auf Menschen, denn Menschen liegen fast immer daneben. Der Markt ist der einzige Teilnehmer, der sich nie irrt."

Ich fühlte mich nun sicher. Ich wusste, dass der Markt mein Freund und mein einziger wirklicher Ratgeber war. Abgesehen vom Markt und den führenden Aktien hatte ich keinen Grund, mich auf jemanden oder etwas anderes zu verlassen. Boyd hatte den Markt gewissermaßen zu meinem guten Freund gemacht. Wie es seine Art war, hatte Boyd mir in seiner bescheidenen und diskreten Art ein großes Geschenk hinterlassen. Ich hatte großes Glück und hoffte, dieses Glück mit denjenigen teilen zu können, die bereit waren, Zeit, Mühe und harte Arbeit zu investieren, um auch ihrerseits den Markt zu einem Freund zu machen.

Zusammenfassung:

Der Markt ist der einzig wirkliche Freund eines Spekulanten, denn der Markt wird einen Spekulanten nie die richtigen Hinweise vorenthalten.

ANHANG 1

DIE REGELN DER SPEKULATION

1. Verbrenne dich nicht.

2. Hake deine Checkliste ab, bevor du kaufst:

    ( ) Befindet sich der Gesamtmarkt in einem bestätigten Aufwärtstrend?

    ( ) Erkenne ich irgendwelche Aktienbewegungen vom Typ 20/4?

    ( ) Sehe ich Kurs- und Volumenbewegungen, die alles bestätigen, was ich annehme?

3. Wenn ich mit Testkäufen keinen Profit erzielen kann, kann ich auch mit hohen Einsätzen nichts verdienen.

4. Setze immer auf einen Stop-Loss, um dein Konto vor dir selbst zu schützen.

5. Beachte die Regel „The trend is your friend" und passe deine Stops entlang der Trendbewegung an.

6. Ich muss vom ersten Tag an Gewinne mit meinen Positionen machen und innerhalb von vier Wochen mindestens 20 % oder mehr vom Kaufkurs nach oben abgewichen sein. Diese Aktien des 20/4-Typs sollten sich weiterhin in einem Aufwärtstrend befinden, bei dem sie fortlaufend höhere Hochs und Tiefs verzeichnen.

7. Kaufe keinen zweiten Titel und führe keinen Pyramiden- bzw. Nachkauf des ersten durch, sofern die Ursprungsinvestition sich nicht rentiert hat.

8. Ziehe nur dann einen Pyramidenkauf in Betracht, wenn die Chancen zu deinen Gunsten stehen, und achte darauf, dass dieser nicht zu einem Verlust der ersten Investition führt.

9. Sobald viele führende Aktien des Typs 20/4 ihre Stop-Loss-Orders auslösen, zeigt der Markt möglicherweise Anzeichen von Schwäche.

10. Versuche nicht, unter schlechten Marktbedingungen Gewinne zu erzielen. Es ist besser, sich von solchen Bedingungen fernzuhalten, bei denen die Profitchancen gegen uns stehen, als zu versuchen, gegen den Strom zu schwimmen.

11. Wenn die Zugpferde an der Börse nicht im Kurs steigen, hat der Gesamtmarkt keine Chance, gute Profitchancen zu bieten. Wenn die besten Aktien steigen, *gibt* es keinen Grund, nicht zu kaufen, und wenn die besten Aktien nicht steigen, *braucht* es keinen weiteren Grund, um nicht zu kaufen.

12. Aktien, die weniger als 15-20% von ihren bisherigen Allzeithochs entfernt sind, solltest du im Auge behalten.

13. Beobachte deinen Screen nicht während der Marktzeiten, um Echtzeitdaten zu verfolgen. Nur Daytrader beobachten den Markt permanent.

14. Höre nicht auf Menschen, wenn es um die allgemeinen Marktbedingungen geht. Lass dir stattdesssen von den führenden Aktien und Indizes dein Handeln diktieren.

15. Aktien machen, was sie wollen. Niemand kann eine Aktie davon abhalten, sich in die eine oder andere Richtung zu bewegen.

16. Die Entscheidungsfindung an der Börse sollte einfach sein, denn das Leben ist schon so ziemlich kompliziert. Es gibt keinen Grund, es mit schweren Handelsentscheidungen zusätzlich zu verkomplizieren.

17. Die primäre Aufgabe des Marktes ist es, uns zu verwirren und zu täuschen. Halte deshalb immer nach bestätigenden Signalen Ausschau. Habe besser Eile, einen Verlust abzustoßen und zögere stattdessen, eine Gewinneraktie vorschnell zu verkaufen. Lass deine Stop-Loss-Orders die Entscheidungen für dich treffen.

18. Ausbrüche sind solide Wetten. In einem Aufwärtstrend des Marktes sind Gap-Ups, welche die meisten Kriterien eines realen Ausbruchs erfüllen, in der Regel der Beginn einer bedeutenden Aufwärtsbewegung.

19. Das Volumen am Tag des Ausbruchs sollte explodieren. Falls ein Spekulant nur nach einer Handvoll potenzieller Trades für ein bestimmtes Jahr strebt, sollte er mindestens das durchschnittliche Tagesvolumen innerhalb der ersten Handelsstunde am Tag des Ausbruchs voraussetzen.

20. Führe schriftliche Aufzeichnungen jeden einzelnen Trade. Lerne aus deinen Fehlern! Aus diesen Fehlern lernst du auch eine Menge über dich selbst. Derartige Lektionen kann dir niemand anderes als du selbst beibringen.

EIN BILD SAGT MEHR ALS TAUSEND WORTE

Abbildung 1. Ein bestätigter Aufwärtstrend

1 = letztes Tief

2 = ein kurzfristiges Hoch, das von einer Aktie im Aufwärtstrend erreicht wurde

3 = ein reaktionäres Tief, das als Reaktion auf das Hoch von Punkt 2 erreicht wurde

4 = neues höheres Hoch über dem vorherigen Hoch von Punkt 2

5 = ein Reaktionstief/Korrektur auf das jüngste Hoch bei Punkt 4

6 = ein neues höheres Hoch

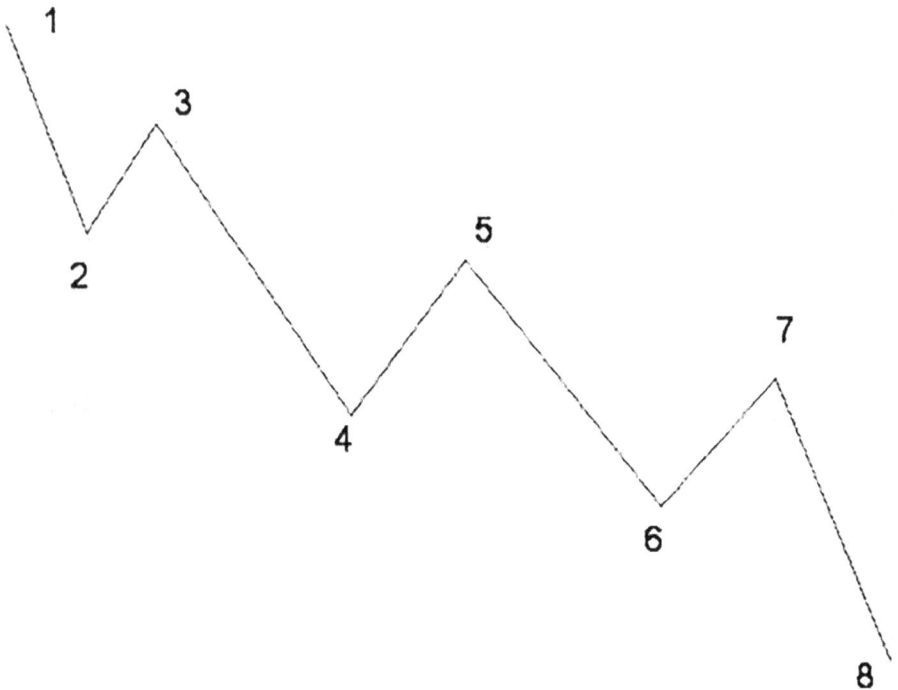

Abbildung 2. Ein bestätigter Abwärtstrend

1 = jüngstes Hoch

2 = temporäres Tief wird durch einen Abwärtstrend der Aktie markiert

3 = ein reaktionäres Hoch wird als Reaktion auf den Abwärtstrend von Punkt 1 zu Punkt 2 erreicht

4 = ein neues Tief wird unter Fortsetzung des Abwärtstrends erreicht

5 = dieses reaktionäre niedrigere Hoch liegt tiefer als das vorherige Hoch bei Punkt 3

6 = ein neues tieferes Tief wird erreicht

7 = das reaktionäre Hoch ist erneut niedriger als das vorherige Hoch bei Punkt 5

8 = Fortsetzung des Abwärtstrends

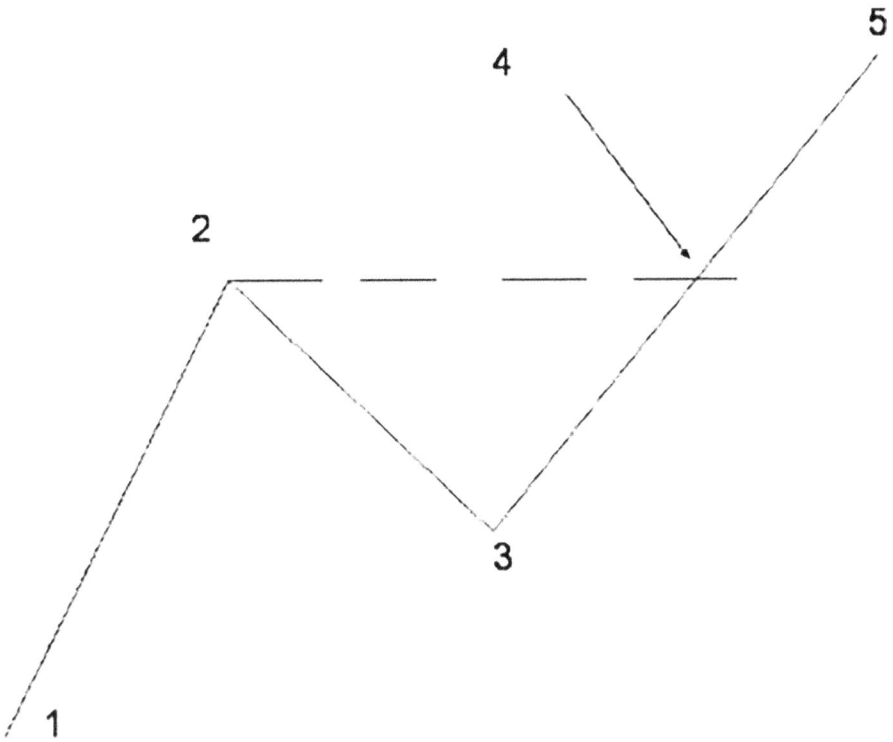

Abbildung 3. Ein Zick zeigt einen potentiellen Aufwärtstrend

1 = vorheriger Aufwärtstrend

2 = letztes Hoch

3 = Reaktionstief auf das jüngste Hoch

4 = sobald das Hoch bei Punkt 2 überwunden wird, hat möglicherweise ein neuer Aufwärtstrend eingesetzt

Abbildung 4. Ein Zack zeigt einen potentiellen Abwärtstrend

1 = vorheriger Abwärtstrend

2 = letztes Tief

3 = reaktionäres Hoch auf das letzte Tief

4 = sobald der neue Tiefpunkt bei Punkt 2 nach unten durchbrochen wird, könnte ein neuer Abwärtstrend eingesetzt haben

Abbildung 5a. Ein im Abwärtstrend befindlicher Markt

1 = vorheriger Abwärtstrend

2 = letztes Tief

3 = Reaktionshoch auf das letzte Tief

4 = neues Tief

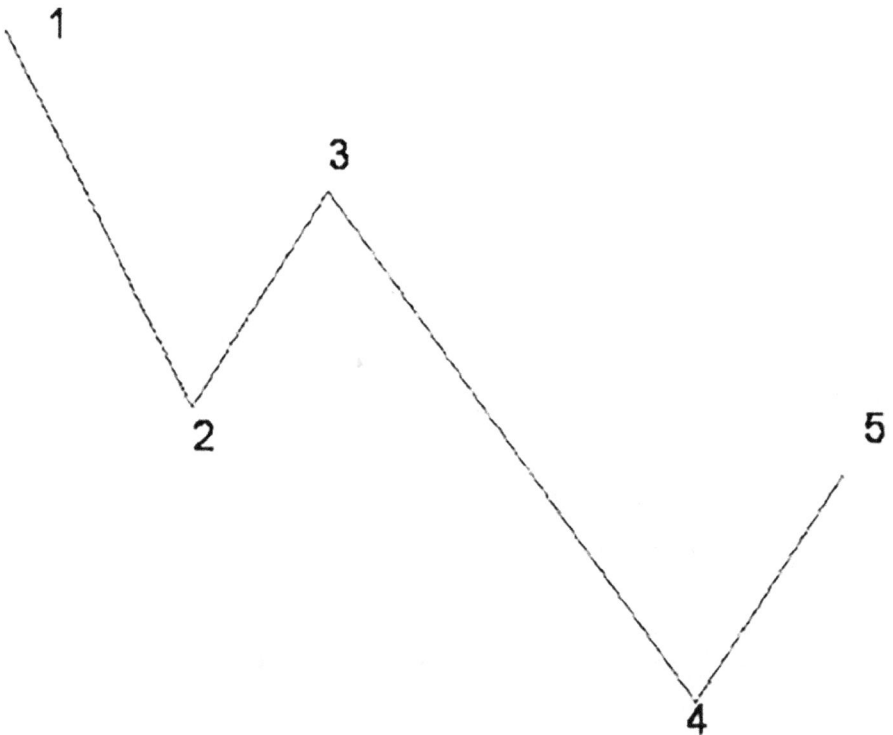

Abbildung 5b. Eine mögliche Trendwende kündigt sich an

1 = vorheriger Abwärtstrend

2 = jüngstes Tief

3 = Reaktionshoch auf das jüngste Tief

4 = neues niedrigeres Tief

5 = Rallye, ausgehend von Punkt 4

Abbildung 5c. Eine Trendwende

1 = vorheriger Abwärtstrend

2 = jüngstes Tief

3 = Reaktionshoch auf das letzte Tief

4 = neues Tief

5 = Erholung vom letzten Tief

6 = Hoch, das während der jüngsten Rallye erreicht wurde

7 = Abwärtsreaktion auf die jüngste Erholung, doch dieses Tief liegt höher als das vorherige Tief bei Punkt 4

8 = sobald der Kurs über den Punkt 6, das vorherige Hoch, steigt, deutet dies auf eine Trendwende hin

Abbildung 5d. Eine bestätigte Trendwende

1 = vorheriger Abwärtstrend

2 = jüngstes Tief

3 = Reaktionshoch auf das jüngste Tief

4 = ein neues niedrigeres Tief

5 = Erholung vom letzten Tief

6 = Hoch, das während der jüngsten Rallye erreicht wurde

7 = Abwärtsreaktion auf die jüngste Erholung, doch dieses Tief liegt höher als das vorherige Tief bei Punkt 4

8 = sobald der Kurs über Punkt 6, das vorherige Hoch, steigt, deutet dies auf eine Trendwende hin

9 = ein neues höheres Hoch über dem vorherigen Hoch bei Punkt 6 wird markiert

10 = ein höheres Tief als das vorherige Tief bei Punkt 7 wird markiert

11 = ein neues höheres Hoch setzt den Aufwärtstrend fort

Abbildung 6. Ein typische 20/4-Bewegung

1 = lange Bodenbildung, die Monate oder Jahre andauert

2 = neue Hochs werden erreicht

3 = Konsolidierungs- bzw. Ruhephase

4 = Ausbruch zu neuen Hochs, um innerhalb von vier Wochen ab Punkt 4 einen Anstieg von 20 % oder mehr zu erreichen

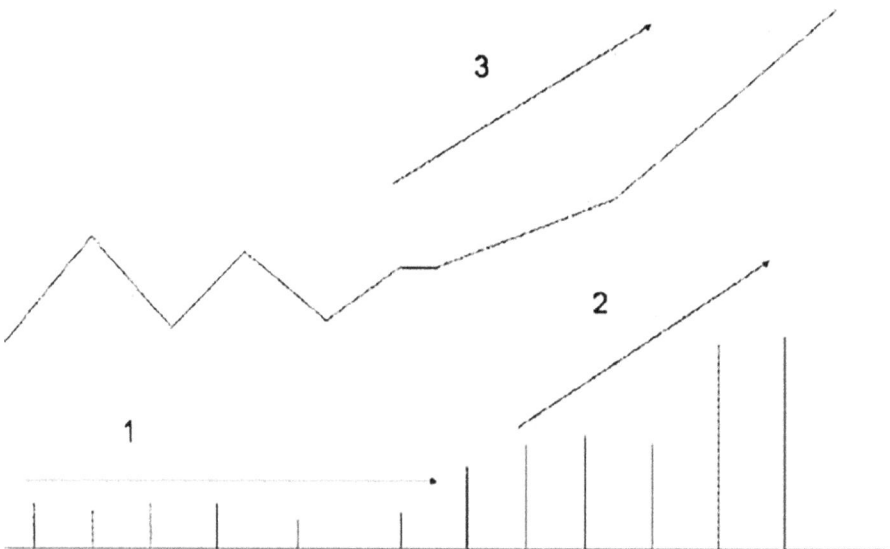

Abbildung 7. Eine ideale Preis- und Volumenkombination

1 = lang andauernde Bodenbildung mit geringem Volumen

2 = steigendes Volumen

3 = steigende Kurse, begleitet von steigendem Volumen

Abbildung 8a. Ein vorübergehender Ausbruch

1 = ein Ausbruch von einer Preisspanne hinzu einer anderen

2 = Rückkehr in den ursprünglichen Bereich

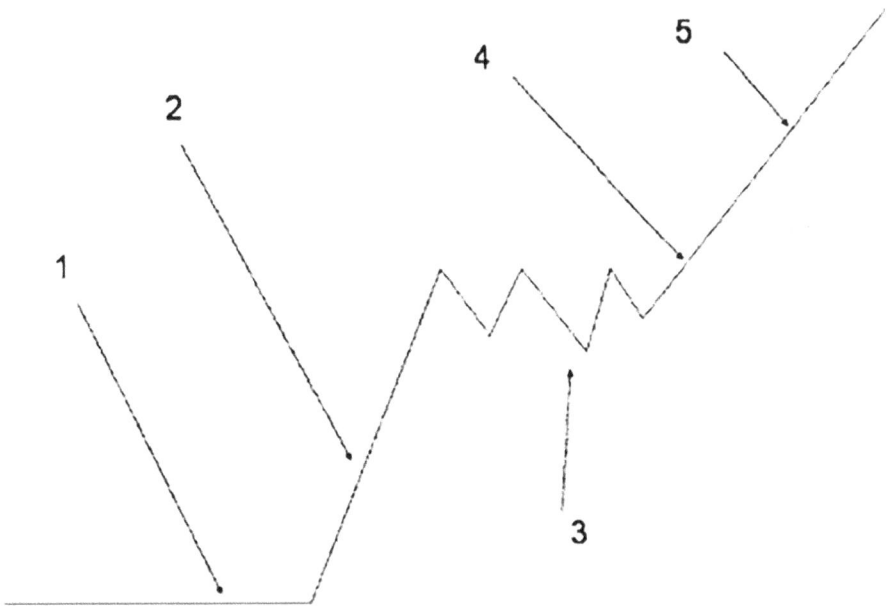

Abbildung 8b. Ein realer Ausbruch

1 = lange seitwärts laufende Bodenbildung

2 = ein starker Aufwärtstrend hat begonnen, neue Kurshöchststände zu markieren

3 = Konsolidierungsphase

4 = Ausbruch zu neuen Allzeithochs im Kursbereich

5 = fortgesetzter Aufwärtstrend, der nach der Konsolidierungsphase erneut aufgenommen wurde

Abbildung 8c. Genaue Betrachtung eines tatsächlichen Ausbruchs

1 = ein starker Aufwärtstrend hat begonnen, neue Kurshöchststände zu erreichen

2 = Ruhe- bzw. Konsolidierungsphase

3 = Ausbruch auf ein neues Allzeithoch im Kursbereich

4 = fortgesetzter Aufwärtstrend, der nach einer Konsolidierungsphase wieder aufgenommen wurde

Abbildung 9. Ein realer Ausbruch mit relevanter Preis/ Volumen-Bewegung

1 = steigendes Volumen während des vorherigen Aufwärtstrends

2 = Volumenrückgang während der Konsolidierungsphase

3 = das Volumen steigt auf den höchsten Stand in der gesamten Handelsvolumenshistorie der Aktie

4 = Preisspanne des vorherigen Aufwärtstrends

5 = Konsolidierungsphase - der Höchstkurs in dieser Phase markiert den „Widerstand", bis die Aktie über diesen Kurs hinweg ausbricht. Sobald der Kurs dieses Plateau durchbricht, wird dieses zum „Boden", der normalerweise nicht mehr unterschritten wird.

6 = Wiederaufnahme des Aufwärtstrends

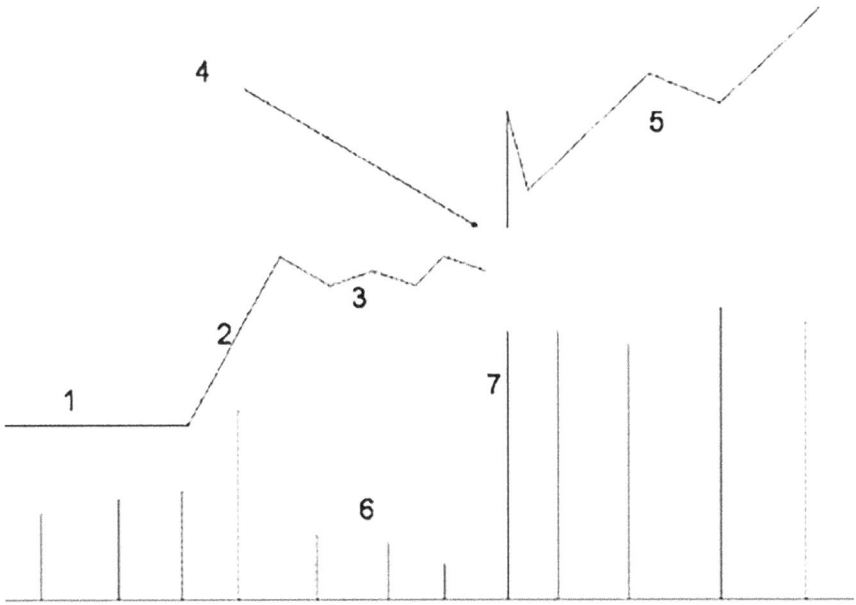

Abbildung 10. Ein offensichtlicher Ausbruch

1 = lange seitwärts verlaufende Bodenbildung

2 = starker Aufwärtstrend, der begonnen hat, neue Kurshöchststände zu erreichen

3 = Konsolidierungsphase

4 = Gap-Up/Lücke

5 = fortgesetzter Aufwärtstrend, der nach der Konsolidierungsphase wieder eingesetzt hat

6 = geringes Volumen während der Konsolidierung

7 = höchstes Handelsvolumen der gesamten Handelsgeschichte dieser Aktie

Abbildung 11. Nachgezogene Stops entlang einer Trendbewegung

Boyd erklärte: „Nehmen wir an, wir besäßen eine Aktie, deren Kurs steigt. Ich habe eine Skizze einer solchen Kursbewegung gezeichnet. Nehmen wir darüber hinaus an, wir hätten die Aktie gekauft, als sie den Punkt 3a überschritt - zu dem Zeitpunkt, als sie neue Kurshöchststände erreichte. Zum Zeitpunkt des Einstiegs bei 3a würden wir einen Stop-Loss bei 10% unter dem Kurs von 3a setzen. Gehen wir nun davon aus, dass der Stop-Loss erst dann berührt wird, nachdem die Aktie ein höheres Hoch und ein höheres Tief verzeichnet hat. Das bedeutet, dass die Aktie zunächst einen Höchstkurs bei Punkt 4 verzeichnen muss. Dann erst sollte sie auf diesen Anstieg reagieren, z.B. mit einem Kurs, wie bei Punkt 5 skizziert. Zu beachten ist, dass der Kurs bei Punkt 5 höher liegt als der Kurs bei Punkt 3 - dem letzten Tief der Aktie. Im weiteren Verlauf muss die Aktie ein neues höheres Hoch verzeichnen, wie es bei einem Kurs von Punkt 6 der Fall ist. Auch hier gilt dasselbe Muster - dass der Kurs bei Punkt 6 höher liegt als der vorherige Höchstkurs bei Punkt 4. Im Verlauf der Bewegung der Aktie von Punkt 5 zu einem Kurs von Punkt 7 durchläuft sie den Kurs von 5a, der im Wesentlichen derselbe ist wie der Kurs, der bei Punkt 4 als Höchststand verzeichnet wurde. Sobald der Kurs über diesen Punkt 5a steigt, hat die Aktie ihren Aufwärtstrend bestätigt. Zu diesem Zeitpunkt wird der Stop-Loss vom vorherigen Stop-Loss geringfügig unter den Kurs bei Punkt 5 verschoben."

„Der angepasste Stop-Loss bleibt so lange etwas unterhalb des Kurses bei Punkt 5, bis eine weitere Abfolge höherer Hochs und höherer Tiefs bestätigt wurde. Das bedeutet, dass unsere Aktie zunächst das Hoch, das der Kurs bei Punkt 6 anzeigt, verzeichnen muss und sollte anschließend auf diesen neuen Höchstkurs bei Punkt 6 reagieren. Die Reaktion zeigt sich darin, dass der Kurs bei Punkt 7 das neue Tief markiert. Nun beginnt ein neuer, weiterer Abschnitt des Aufwärtstrends. Während dieser Aufwärtsbewegung vom Kurs bei Punkt 7 bis zum Kurs bei Punkt 8 muss die Aktie das bei Punkt 6 erreichte Kurshoch durchbrechen. Ich habe diesen Punkt als Kurs bei Punkt 7a angegeben. Sobald userer Aktie diesen Kurs bei 7a überschreitet, verschiebe ich meinen Stop-Loss erneut, von dem Bereich unter dem Kurs bei Punkt 5 auf einen, der minimal unterhalb von Punkt 7 liegt. Dieser Stop-Loss, der jetzt etwas unter dem Kurs von Punkt 7 liegt, wird nicht verändert, bis eine weitere vollständige Abfolge höherer Hochs und höherer Tiefs erreicht wurde."

„Auf dem Papier scheint dies recht einfach und unkompliziert zu sein. Die größte Problematik für die meisten Anfänger ist, dass sie tagtäglich auf ihre Kontowerte und Aktienkurse achten. Wenn sie bemerken, dass die Aktie z.B. bei Punkt 6 einen Höchststand erreicht hat und nun auf den Kurs bei Punkt 7 reagiert, werden sie nervös. Sie haben das Gefühl, dass sie ihren Gewinn 'verlieren' und ein solcher Neuling wird beim ersten Anzeichen von Schwäche verkaufen."

„Die Disziplin aufzubauen, um den Stop-Loss entlang der Trendbewegung nachzuziehen, braucht eine gewisse Entwicklungszeit. Die meisten Leute lernen die erst, nachdem sie die großen Profite 'verpasst' haben. Erst nachdem die Leute einen echten Top-Performer sehr früh im Trend viele Male wieder verloren haben, werden sie den Dreh beim Trading entlang des Trends raus bekommen. Bedauerlicherweise werden viele Weitere die schlichte Genialität dieser Disziplin nie begreifen. Wie ich schon sagte, ist Zeit relativ. Vier bis acht Monate sind keine lange Zeitspanne am Aktienmarkt für Leute wie mich, die die Gaben und Gefahren des Marktes seit

Jahrzehnten kennen und durchleben. Für Neulinge jedoch, wie auch für viele undisziplinierte Profis (die nicht lange Profis bleiben werden), erscheinen selbst 4-8 Wochen wie eine Ewigkeit."

Und weiter meinte er: „Da unsere Aktie immer höhere Höchst- und Tiefststände erreicht, bewegen sich folglich auch die Stops entlang der Trendbewegung nach oben. Irgendwann wird der Aufwärtstrend nachlassen. Dann beginnt der Druck, die Kurse nach unten zu bewegen, zuzunehmen. Die Wende setzt manchmal sehr subtil ein und manchmal auch völlig offenkundig. Doch der Spekulant, der sich an seine eisernen Regeln hält, wird seine Stops immer weiter nach oben nachziehen. Zuerst bewegt sich der Stopp etwas unter den Preis bei Punkt 9. Dann ein wenig unter den Kurs bei Punkt 11. Wenn die Aktie ihren mittel- oder längerfristigen Höchststand erreicht hat und zu fallen beginnt, wird dieser Stop erreicht und die Aktie verkauft. Der Spekulant war also in der Lage, mit der Aktie von einem Kurs bei Punkt 3a bis zum Kurs bei Punkt 11 mitzugehen. Das ist eine bedeutende Preisspanne und erfüllt das eigentliche Ziel eines cleveren Spekulanten - den signifikanten Teil eines Aufwärtstrends zu erwischen und mitzunehmen."

DIE EINZIGEN ANDEREN BÜCHER, DIE EIN SPEKULANT BENÖTIGT

1. "How I made $2 million in the stock market" von Nicolas Darvas
2. "How charts can help you in the stock market" von William Jiler
3. "The Perfect Stock" von Brad Koteshwar (in früheren Kapiteln auch als „Die perfekte Aktie" bezeichnet, jedoch nicht auf Deutsch erhältlich)

Alle weiteren Lektionen müssen durch reale Praxis und das Erleben eines kompletten Marktzyklus erlernt werden, welcher aus einem kompletten Bullen- wie auch aus einem vollständigen Bärenmarkt besteht.

Über den Autor

Brad Koteshwar, der Autor von „Der perfekte Spekulant", wurde zunächst durch seinen Bericht über den phänomenalen Kursanstieg von 7000% innerhalb von 52 Wochen bei der Aktie von Taser International populär. Als er diesen Bericht, den er für seine Kunden verfasst hatte, als fiktionales Werk veröffentlichte und in den lokalen Medien Arizonas werben wollte, wurde er abgewiesen, da die einflussreichsten Menschen in den kleinen, aber wohlhabenden Gemeinden von Arizona allesamt Besitzer von Taser-Aktien waren. Keiner von ihnen war bereit, anzuerkennen, dass der Aktienkurs von Taser bereits seinen Höchststand im April 2004 erreicht hatte.

www.ingramcontent.com/pod-product-compliance
Lightning Source LLC
Chambersburg PA
CBHW060018210326
41520CB00009B/931